學會
富人理財觀
想要變窮都好難！

─── 聰明投資被動致富 × 開拓事業主動創薪 ───
九大習慣培養聚財體質，心態對了，發財還會遠嗎？

建構致富心態、矯正理財觀念，
不需要天賦異稟，也不需要優秀家世，
同樣能從零開始為自己打造第 N 桶金！

世界上分成兩種人，含著金湯匙的富貴人家和出身平平的你我；
如果你像 99% 的人一樣，沒有才華又沒有富爸爸，
別擔心，本書正是為你而寫的逆襲致富手冊！

徐定堯，劉燁 編著

目錄

目錄

第五章 付諸實踐的行動

第六章 制定合理的理財方式

目錄

第七章　創造並掌握致富的機會

第八章　用創新思考進行決策

第九章　以正確的思考方法解決問題

目錄

序言

多少年來，有多少人在重複、自問、嘆息著這樣一個問題：為什麼有些人富有而我貧窮？我要怎樣才能賺到錢，才能擺脫貧窮或是落魄的現狀，變得富有？這是一個很複雜的問題，但是，它的答案很簡單，那就是從別人那裡學習，向那些打通了財富之路的人學習。學習他們提出的非凡創意，學習他們如何打開視野，如何制定、整理出一套計畫，又是如何有效付諸實行，說到底，就是要像有錢人一樣思考。

思考就是探究有錢人之所以致富的原因，凡是致富的人，在其成功之路的沿途上總會留下許多提示，要努力從他們那裡不斷學習，汲取精華，提煉成火種，幫助自己燃起成功的烈焰。

我們不可否認，也無須迴避，在這個世上，有富人就必定會有窮人存在，這就好比有正義就必定有邪惡。同樣，不可否認的是，窮人裡也不乏擁有才華、能力的人，對他們來說，只要有一天忽起「東風」，機緣巧合之下抓住了機會，轉眼間就能脫胎換骨，野雞變鳳凰。

我們此次殫精竭慮、嘔心瀝血編寫本書的目的，就是想做一回「東風」，幫助那些志在像富人一樣成功的人士，早日實現心中的夙願。

序言

　　時下是變化迅速的新時代，這個時代是前所未有的，也是今後任何時期都不可能再現的，它為一切有志者提供了非常難得的賺錢環境和機會，為富豪的誕生提供了肥沃的土壤，一旦錯過這個機會，恐怕只會使所有有志者抱憾終身。那麼，怎樣才能一舉成功呢？相信本書能帶給您啟迪，也願這本書能成為您的益友，我們希望它能為您帶來一片新的天空，透過這扇窗戶，你會驚訝的發現：

　　致富原來如此簡單：只需要像富人一樣思考。

　　本書是一套完整的成功計畫，也是極有價值的人生指南，針對九項成功的原則：

1. 讓正確的心態與致富同行
2. 找一個致富指導人
3. 置身於高報酬的領域
4. 制定周詳的致富計畫
5. 付諸實踐的行動
6. 制定合理的理財方式
7. 創造並掌握致富的機會
8. 用創新思考進行決策
9. 以正確的思考方法解決問題

　　本書做了最實際而深具啟發性的分析和闡釋。這九項原則都是那些已經擁有成就的人在做事態度上不可或缺的要素。

沒有人能將時光倒流，你也無法再投胎到豪門旺族，成為一個幸運的富二代。但你可以改變現狀，運用你與生俱來的心靈力量，創造機會，運用本書所說的九項成功原則，你將會實現所有值得實現的目標。凡是你心裡所想的，並且相信的，終必能實現。

序言 ————————————————————

第一章
讓正確的心態與致富同行

對於渴望改變現狀的人來說，不論是一無所有或富可敵國，如何從根本上認清自己目前的現狀，對以後的發展都至關重要。讓正確心態和致富同步，這是每個「一無所有」的人改變自己貧窮命運的第一步，唯有擁有正確的心態，才有可能走上致富的道路。

在你賺錢的過程中，最重要的是要相信自己能成功。相信自己有能力致富，這是猶太人多年致富歷程的一個心得。因此，本書開宗明義的詮釋心態對致富的重要性。像富翁一樣思考，得先像富翁一樣擁有積極的想致富的心態，只要你擁有了這種心態，成功就不會太遙遠。

假如你想早點獲得成就，積極的心態是必要條件。為什麼呢？理由有二：

第一，一個人一旦擁有積極的心態，其內心的恐懼、不安和孤獨感都將一掃而空。擁有積極的心態，其頭腦就會變得更加清晰、靈活、更富有創造力。積極的心態，可以為你帶來友誼，使你人緣奇佳，一步一步邁向成功。

第二，擁有積極的心態，會不自覺影響別人，使你成為一個富有魅力而又有力量的人。

人不該抱持著漠然的心境，只要想在這個世上生存，就應該為了完成某種目標而努力才對。不得不完成的事，與其消極應對，不如積極行動，這樣才能產生好結果。擁有積極的心態，不斷努力，同時不停想像未來，這樣才可以引導你走向成功。

以積極的心態對待自我

積極的心態對一個人能否致富有著重要的作用，以積極的心態對待自我需要注意以下幾點：

用新觀念替換舊觀念

有積極心態的人時時刻刻都在尋找最佳的新觀念。這些新觀念能增加心態積極者的成功潛力。

好主意並非天才才有，有沒有好的想法，關鍵是心態而非能力。一個觀念開放、有創造性的人，哪裡有好想法，就往哪裡去。在尋找的過程中，他不會輕易扔掉一個想法，直到他對這個想法可能產生的優缺點都徹底弄清楚為止。

行動帶動心態

積極行動會帶來積極思考，而積極思考會帶來積極的人生心態。心態是緊隨行動的，如果一個人從一種消極的心態開始，等待著感覺把自己帶向行動，那他就永遠成不了他想成為的心態積極者。

用積極的心態把自己看作成功者

卡內基說：「一個對自己的內心有完全支配能力的人，對他自己有權獲得的任何其他東西也會有支配能力。」

誰想收穫成功的人生，誰就要當個好農民。我們絕不能

僅僅播下幾粒積極樂觀的種子，然後指望能不勞而獲，我們
必須為這些種子澆水，幫幼苗培土施肥。要是忽略這些，消
極心態的野草就會從中奪去土壤的養分，直到作物枯死。

作物和野草同在，我們要拔除野草以防止它吸掉施予給
作物的營養，我們要用心，讓「樂觀」這棵作物永遠生機勃
勃。正如《聖經》所言：「凡是真實的、可敬的、公義的、
清潔的、可愛的、有美名的，若有什麼德行、若有什麼稱
讚，這些事你們都要思念。」

樂於奉獻

曾被派往非洲的醫生及傳教士史懷哲（說：「人生的目
的是服務別人，是表現出助人的熱情與意願。」他意識到，
一個心態積極者所能做的最大貢獻是給予別人。

哈里‧布利斯（Harry Bullis）曾這樣建議屬下的推銷員：
「忘掉你的推銷任務，一心想著你能帶給別人什麼服務。」
他發現人們一旦將思考集中於服務別人，就馬上變得更有衝
勁，更有力量，更加讓人無法拒絕。說到底，誰能抗拒一個
盡心盡力幫助自己解決問題的人呢？

布利斯告訴他的推銷員，他們每天早上開始工作時應該
這樣想：「我今天要幫助盡可能多的人，而不是我今天要賣
出盡量多的商品，這樣一來，你們就能找到一個更容易、更
開放的方法跟買家打交道，推銷的業績就會更好。誰盡力幫

助其他人活得更愉快更瀟灑，誰就實現了推銷術的最高境界。」

用積極的心態對待自己，總能產生一種使人接近自己的偉大力量，而這種力量能助你走向成功。

▍以積極的心態對待別人

多數情況下，你怎麼對待別人，別人就會怎麼對待你。因此，用積極的心態對待他人，就是在用積極的心態對待自己。

用積極的心態對待他人應注意以下幾點：

用你積極的心態去帶動別人

隨著你的行動與心態日漸積極，你就會慢慢獲得一種美滿人生的感覺，信心倍增，人生中的目標感覺越來越強烈。緊接著，別人會被你吸引，因為人們總是喜歡跟積極樂觀者在一起，運用別人的這種積極反應來發展積極的關係，同時幫助別人獲得這種積極態度。

讓別人覺得自己被重視

每個人都有一種欲望，就是感受到自己的重要性，以及別人對他的需要與感激。這是我們普通人的自我意識的核心。如果你能滿足別人心中的這一個欲望，他們就會對自

己、對你抱持積極的態度。一種你好我好大家好的局面就會形成。正如愛默生（Ralph Waldo Emerson）所說：「人生最美麗的補償之一，就是人們真誠幫助別人之後，同時也幫助了自己。」

使別人覺得自己很重要的另一個好處，就是反過來會使你自己感受到重要性。

有一個人到了郊區，就在一個加油站停下來問一位員工：「這個鎮裡的人怎麼樣？」

加油站員工反問：「你以前住的那個鎮的人怎麼樣？」

那人回答：「他們真是糟透了，很不友好。」

於是加油站員工說：「我們這個鎮的人也一樣。」

過了一段時間，又有個人開車進同一個加油站，問員工同一個問題：「這個鎮的人怎麼樣？」

那個員工同樣反問：「你以前住的那鎮上的人怎麼樣？」

那人回答：「他們好極了，真的十分友好。」

加油站員工於是說：「你會發現我們這個鎮的人也是一樣。」

那個員工了解，你對別人的態度跟別人對你的態度是一樣的。

同情和理解他人

在日常生活中，那些懷有消極心態的人常常抱怨：父母抱怨孩子們不聽話，孩子們抱怨父母不了解他們，男朋友抱怨女朋友不夠溫柔，女朋友抱怨男朋友不夠體貼。在工作中，也常出現上司埋怨下屬工作不力，而下屬埋怨上司無法理解自己，不能發揮自己的才能。他們的生活總是抱怨而不是一種感激。

事實上，倘若你常流淚，你就看不見星光。因而，對人生、對大自然的一切美好的東西，我們要心存感激，如此人生就會顯得美好許多。

成功，總屬於大膽行動的人

致富需要自信，這是所有成功者都認同的真理。

在茫茫的商海中，工能致富，農能致富，知識分子也能致富。社會面臨的現狀是：家無隔宿之糧的人固然想致富，就連豐衣足食者也想致富，否則無法抵禦通貨膨脹。一個繁盛的大都會，金融活動之所以特別活躍，就是因為投資已成為各界人士必然的致富之途，而不是少數人和相關機構的專利。可以說，這是一個無法逃避的時代，每個人都不得不重新審視自己所站的人生位置。

這個世界是一個體系，無時無刻不在運作、發展，這個

過程將提供很多創業的機會。

問題是機會在你面前，你是否敢果斷採取行動去抓住它，使其成為事業成功的契機。這就是一個信心問題。

獨木橋的那一邊是美麗豐碩的果園，有自信的人大膽走過去採擷到自己的願望，而缺乏自信的人卻在原地猶豫。事實上，果實都被大膽行動的人採走了。成功，總屬於大膽行動的人。

維克多‧格林尼亞（François Grignard）年輕時是法國瑟堡很有名的一個浪蕩公子。有一次，在一個盛大的宴會上，他像往常一樣傲氣十足的邀請一位年輕美麗的小姐跳舞，那位女孩覺得受到了極大的侮辱，怒不可遏的說：「算了，請你站遠一點。我最討厭你這樣的花花公子擋住我的視線。」這句話刺痛了格林尼亞的心。他在震驚、痛苦之後，猛然醒悟，對自己的過去無比悔恨，決定離開瑟堡，去闖一條新路。他在留給家人的紙條上說：「請不要探聽我的下落，容我刻苦努力學習。我相信自己將來會創造出一番成就來的！」結果，經過 8 年的刻苦奮鬥，他終於發明了以他的名字命名的「格式試劑」，並榮獲諾貝爾獎，成為著名的化學家。

人並非天生偉大，成功者也不是天生之才，而且也不一定在少年或青年時代就是出類拔萃的人才。而是自信、主動意識決定了一個人走向成功！像維克多‧格林尼亞這樣的「浪子回頭金不換」，不就是這個道理嗎？

▎心態決定你能否成為富豪

拿破崙·希爾（Napoleon Hill）說：「心態在很大程度上決定了我們人生的成敗：① 我們怎樣對待生活，生活就怎樣對待我們。② 我們怎樣對待別人，別人就怎樣對待我們。③ 我們在一份工作剛開始時的心態決定了最後有多大的成功，這比任何其他的因素都重要。④ 人們在任何重要組織中地位越高，就越能找到最好的心態。」

一生事業的成功與否取決於你對自己心態下達的指示。人可以掌控自己的心態，並透過心態來掌握自己的命運。在生活中，有成功也有失敗，你回憶往日的成功，也會獲得今天成功的信心；同樣回憶往昔的失敗，就會毀掉自己。沒有人真正需要為你的失敗負責，因為失敗是你的消極心態造成的。

每個人的心靈都有一個法寶，它就像硬幣，具有兩面性，正面寫著積極心態，反面寫著消極心態。這個法寶的力量令人吃驚。積極心態讓人積極進取，創造成功；消極心態卻讓人絕望而平靜的生活，永遠沒有改變命運的機會。

一個人如果要像領袖那樣克敵制勝，就必須相信自己，必須相信自己的事業。唯有自己相信自己，才能說服別人相信自己。

拿破崙·希爾說：積極的心態是成功必備的要素。

記住！你意識到自己的積極心態的那一天，也將會是你遇

到最重要的人的那一天；而這個世界上最重要的人就是你！你的這種思想、這種精神、這種心態就是你的法寶，你的力量。

　　一個人的成功、健康、幸福與財富，都依靠你如何運用你的看不見的法寶 —— 你的心態。你將怎麼運用它呢？這完全由你自己掌控。

　　不要因為屢遭失敗，就痛恨這個世界的不公平和殘酷，這是懦弱者拒絕面對現實的藉口，這是心態不平者掩飾內心懦弱的托詞。你要像所有成功者那樣發展自己火熱的謀求成功的願望。把你的心放在你所想要的東西上，使你的心遠離你所不想要的東西。

　　不要拒絕勵志書籍和他人的幫助和指引，更不要拒絕自己內心的衝動。

　　請接受這樣一件無價的禮物 —— 歡樂的勞動；尋求人生的最大價值；熱愛人們，為人們服務。

　　那些擁有積極心態的人能取得成功，而那些以積極的心態努力不懈的人能保持成功。

　　正如希爾所一貫強調的：積極的心態是成功必備的要素。這是無條件的。

　　心態積極和消極事關事情的成與敗。積極的心態就像指南針，給予你明確的方向，而消極的心態就像層層迷霧，影響你前往目的地的決心。

　　同樣的環境，同樣的外部條件，從同一條起跑線上起步的人，為什麼有的人會平庸一輩子，而有的人卻風光一世？不要再用所謂的天才和愚者來回答這個問題，世界上確實有天才和愚者的存在，那只是為數很少的幾個特例，產生這種差異的根源，仍在於一個人的心態。

　　一個人想要成功，絕不可能輕而易舉、一帆風順，尤其是選擇了遠大的目標的人，更有可能時運不濟，經歷磨難，甚至會遭遇意外的災難……這種種挫折和壓力不是使人的能動性萎縮、破碎，甘願認命；就是使人的能動性強化、堅韌，萬難不屈。這兩種可能到底是哪一種呢？這就由自信和主觀意識的強弱來決定了。

　　無數的實例證明，只有自信，才會強化自己的能動性，一個人自信主動，就會走向成功。人，只有在自信主動的狀態中才是聰明和堅韌不拔的，才是具有能動性、創造性和應變力的，才會在有路的地方走得更快，在無路的地方也能踏遍坎坷，走出一條路來！

　　相信自己能成功是致富的關鍵！

　　總之，一個人可以因為心態致富，也可以因為心態致貧。事情往往是這樣；你相信會有什麼結果，就可能會有什麼結果。

　　人不可能達到他從未追求和思考過的致富高度。

積極的心態源於樂觀的精神

對生活抱有樂觀精神，才能產生積極的心態，擁有了積極的心態，凡事才不會想得太悲觀、太絕望，否則你眼中的世界將是一片灰暗，對待生活應該抱持樂觀自信的態度。

怎樣培養樂觀的精神呢？主要有以下幾種方法：

不要做受制於自我的困獸

最不足以來往的朋友，是那些悲觀主義者和一些只會取笑他人的人。真正的朋友，該是「沒有什麼大不了，只是有些不方便而已！」這種類型的人。當我們幫助朋友時，不要只著重於分擔他的痛苦和說些愚昧的安慰的話，如果要建立親密的關係，就必須有共同的人生價值和目標。只要抱著樂觀主義，就必定是個實事求是的現實主義者。這種心態，與解決問題是雙生相伴的。

當情緒低落時，想想比自己更不幸的人

如果情緒不能平靜，就把自己的情緒，轉移到幫助別人身上，並重建自己的信心。通常只要改變環境，就能改變自己的心態和感情。

聽有利於身心的音樂

不要看早上的電視新聞。你只要瞄一眼有影響力的新

聞的頭版報導就夠了，它足以讓你知道將會影響你生活的國際或國內新聞。多看看與你的職業及家庭生活有關的當地新聞。不要向誘惑屈服，而浪費時間去看描述別人不幸的詳細新聞。在開車上學或上班途中，可聽聽電臺的音樂或自己的音樂。如果可能的話，和一位心態積極者共進早餐或午餐。晚上不要坐在電視機前，要把時間用來和你所愛的人談談心。

改變你的習慣用語

不要說「我真是累壞了」，而要說「忙了一天，現在心情真輕鬆」；不要說「他們怎麼不想想辦法？」而要說「我知道我該怎麼辦」；不要在團體中抱怨不休，而要試著去讚揚團體中的某個人；不要說「上帝，為什麼偏偏找上我？」而要說「上帝，考驗我吧！」不要說「這個世界亂七八糟」，而要說「我要先把自己家裡弄好」。

向龍蝦學習勇氣

生活中的變化是很正常的，每一次發生變化，總會遭遇到陌生及預料不到的意外事件。龍蝦在某個成長的階段裡，會自行脫掉外面那層具有保護作用的硬殼，因而很容易受到敵人的傷害。這種情形將一直持續到牠長出新的外殼為止。遇到危險不要躲起來，使自己變得更懦弱；相反的，要勇於去應付危險的狀況，對你未曾見過的事物，要培養出信心來。

重視你自己的生命

很多事業、感情失敗者總是自怨自艾，總是怨恨老天不公，有時甚至想要以死來求解脫。其實這是一種最愚蠢的想法，當你在事業上不順時，不妨這樣想，「你肯定能度過難關。」你有來往的朋友，你去拜訪過的地方，你所聽到或看到的事物，全都記錄在你的記憶中。由於頭腦指揮身體如何行動，因此你不妨從事更高級、更樂觀的思考。

從事有益的娛樂與教育活動

有益的娛樂和教育活動往往能幫助一個人減輕工作的壓力，使其心態端正。因此，當你覺得身心疲憊時，不妨觀看介紹自然美景、家庭健康以及文化活動的影片；挑選電視節目及電影時，要根據它們的品質與價值，而不是它的商業吸引力。

在思考以及談話中，應積極看待你的健康狀況

每天對自己做正向的精神喊話，不要總是想著一些小毛病，像感冒、頭痛、割傷、擦傷、抽筋、扭傷以及一些小外傷等。如果你對這些小傷病太過在意，它們將會成為你最好的朋友，經常來「問候」你。你腦中想些什麼，你的身體就會表現出什麼。在撫養及教育孩子時，這一點尤其重要，要盡量為家庭考慮，注意家庭各方面的健康狀況。有一些父母，看起來似乎比其他人更關心孩子的健康與安全，卻反而

使他們的孩子變成了精神疾病患者。

把休息日變成培養積極心態的日子

成功人士生活中的三大支柱就是：信仰、良好的家庭關係以及高度的自尊心。

只要你不斷在心理和行動上去體驗和實踐這十條培養樂觀精神的方法，就會幫助自己具備樂觀向上的品格，這就會使你有可能成為精神和物質兩方面的富豪。

▌謹防浮躁情緒

任何一個做事從不浮躁而很穩健的人，他們通常有一個共同點，就是做一件事情，不堅持到最後一分鐘是不甘心放棄的。

對於任何一個渴望成功的人來說，一定要牢記，可以著急，但不能浮躁，浮躁容易使人失去理智，做出錯誤的決定。成功的道路是漫長而曲折的，只有穩步前進才可能到達勝利的彼岸。如果一開始就浮躁，那麼，你最多只能走到一半的路程，然後就會累倒在地。

浮躁的人最終只會失敗，而穩健的人才能有希望到達成功的彼岸。一個人只有不浮躁，才能吃得起成功路上的苦。

只有不浮躁，才會有耐心與毅力一步一個腳印向前邁進。

只有不浮躁，才能制定一個又一個小目標，然後一個接一個達成它，最後走向大目標。那麼怎樣克服浮躁情緒呢？我們可以從以下幾個方面入手：

不要輕易張顯個性

每一個追求成功的人都不能用追求個性來縱容自己的缺點。社會需要我們創造價值。它最在乎的不是我們具有什麼樣的個性，而是我們具有什麼樣的工作能力。如果我們的工作能力是有利於創造價值的，我們就會受到社會的歡迎；否則，我們就會受到社會的冷落。個性也不例外，只有當你的個性有利於創造價值，是一種生產型的個性，你的個性才能被社會所接受。

否則，你的個性只會是一個壞脾氣的象徵，它只會給你帶來不好的後果。

消除貪欲

貪心不足，蛇吞象，這表明人的私欲是無限量的。每個人都想得到私利，而且是越多越好，這是人的共同心理，看到別人賺錢，自己也想發財，這是正常現象，但是君子愛財，取之有道，透過勤勞所得，透過智慧所得，這是正常的欲望發展。但是，怕就怕在這種欲望貪得無厭。人一旦有了貪婪的欲望，往往會不擇手段攫取。在這種貪欲支配下，結

果必然是身敗名裂，為欲所毀。

貪欲是萬惡之源，是罪惡之本，貪欲就像撒旦所幻化的毒蛇，引誘人去偷吃上帝的禁果。貪欲的目標主要是金錢，終極目的是包括色欲在內的肆意享樂，而最終結果是跌入罪惡的深淵。

欲望變化多端，令人難以自持，所以我們說，即使是正當的欲望，有時候也要加以節制，否則，猶如燒飯的火，過旺了就會將飯燒焦。由此可見，人的欲望一半是天使，一半是魔鬼，天使與魔鬼背對背，一轉身就可能是截然不同的兩種結局。

不必心煩意亂

每個人都會有瑣碎、煩惱的事，工作不順心，事情不如意，都會讓你心煩意亂，煩惱早已是司空見慣的平常事。但是「舊煩」與「新煩」之間，還是大不相同，過去人們「煩著」的時候要不是找知心朋友訴訴苦、解解悶，不然就是「精神變物質」，將壞情緒轉化為「頭痛」、「胸悶」，然後吃吃藥，養養心。今天「煩人」們不僅僅「煩」，而且不「耐煩」，在不開心，不舒服的同時，他們不安心、不靜心；他們不只是煩惱、煩悶、而且煩躁。對他們而言，與其說「煩」是一種有待完全擺脫的消極情緒，不如說「煩」是一種有幾分無奈也有幾分得意的生存狀態和生活方式。過去

的人，有煩惱時會從臺前退到幕後，遠離人群，不想讓人看見；如今的「煩人」們卻穿著自己的風格 T 恤，唱著自己的流行曲，招搖過市，要讓人們躲得遠遠的來看他們。「別理我」一語，只不過是掩耳盜鈴般的一個舞臺道具。

躁動不安是心煩意亂的最高表現形式。這是一種心比天高的追求、躍躍欲試的衝動與欲望得不到滿足的苦悶交織在一起，從而導致亢奮、緊張、急躁的焦慮。

即便你智商再高，如果你一直心煩意亂，你也肯定會一事無成，無所作為。為了去煩，我們還得有耐心一些，靜下心來，正確了解自己，冷靜掌握機會，以長遠的眼光選擇適合自己的目標和道路。

▌致富不可自卑

自卑是孕育失敗的肥沃土壤。

懷有自卑情緒的人，總有一句口頭禪：「我不行」、「這事我做不了」、「這個工作超過了我的能力範圍」。這樣的人還沒有試一試就給自己判了死刑。而實際上，只要他專心努力，他是能做好這件事的。認為別人都比自己強，自己處處不如人，這是一種病態心理。在致富過程中，這種心態是非常有害的。主要表現在以下幾個方面：

1. 往往坐失良機。面對致富的機會出現在眼前，不敢伸手去抓，不敢奮力一搏。未戰心先怯，白白貽誤致富良機。

2. 本來可以克服的困難，變成了無法跨越的障礙，使得致富功敗垂成。

3. 是造成致富者人格和心理的斷層，不敢面對挑戰，不敢以火熱的熱情擁抱生活，而是卑怯的自怨自艾。久而久之，自卑成「病」，失去致富的雄心和志氣。

如何克服自卑，建立真正的自信？真正的自信不僅能夠不斷發現自己各方面的優良之處，而且使得周遭也對你有這方面的肯定。反過來，環境的相信又烘托你的心理，使得你能夠在這方面發展得越來越好。一定要根據自己的條件，橫掃身上的一切自卑情結，這非常重要。任何人都有自卑情結，包括任何一個偉大的人都有自卑情結。如何對待自卑情結是成功者和不成功者、人生完整者和不完整者的區別。

自卑是阻礙成功的絆腳石，要想成功得先轉變觀念，相信自我，驅除自卑情結。

一切靠自己打天下，謀身立命，建立生活，這是一個多麼令人驕傲的品格。如果你因為有點心理障礙，有點缺陷，你就自卑，那麼我們可以告訴你，不必自卑。當你戰勝了這些心理障礙，你肯定會比別人富有。

　　為什麼富有呢？因為你對心靈的體驗能力要比其他人更深刻，你有了解自己心靈和了解別人心靈的能力。

　　任何一個人都存在自卑情結，就看你有沒有信心、勇氣去克服、改正，化自卑為自信。長得魁梧，長得矮小，都可能產生自卑。許多偉人也很矮呀，不高的人很多。所以，任何事物都不應該成為自卑的情結。

　　一個成功、灑脫的人絕不能妄自尊大，也不能自卑。要不卑不亢，要找到你自己真正值得自信的那些優越之處。既不以那些愚昧、落後的東西驕傲；同時又要能找到自己真正值得驕傲的東西。

　　克服自卑之病吧！唯有如此才能笑傲商海，有自信的致富。

┃成功只在一念間

　　在這個世界上，成功卓越者少，失敗平庸者多。成功卓越者活得充實、自在、灑脫；失敗平庸者過得空虛、艱難、煩瑣。

　　生活中，失敗平庸者多，主要是心態和觀念有問題。遇到困難，他們只是挑選容易的倒退之路。「我不幹了，我還是放棄吧！」結果陷入失敗的深淵。相反，成功者遇到困難，懷著挑戰的心態，用「我要！」「我可以！」「一定有

辦法！」等積極的意念鼓勵自己，便能想盡辦法，不斷前進，直至成功。

成功者從成功中獲得更多的信心，一分一秒積極行動所累積而來的，可以造就偉大的成功；一分一秒的消極負面言行所累積而來的，足以使人萬劫不復。

要改變失敗的命運，就要改變消極錯誤的心態。

恐懼和憂慮，人人都或多或少有過，任何恐懼和憂慮都會侵蝕破壞我們的積極心態，妨礙我們果斷行動。只有當我們戰勝恐懼，戰勝憂慮，並利用它們為我們服務，恐懼和憂慮便可以變害為利。比如我們擔心自己失敗，但我們有信心戰勝恐懼與憂慮，我們作更大的努力，採取更細膩妥善的規畫、謀略和行動去爭取成功，這樣我們就控制了恐懼和憂慮。

不受控制的恐懼和憂慮對我們危害很大，它會擾亂我們的心理平衡，並導致某些生理問題，如憂鬱、失眠、神經衰弱等等。嚴重的恐懼和憂慮，會使人理智混亂，產生嚴重的心理和生理疾病。長期的恐懼和憂慮會使任何一個優秀的人變成一個平庸無能的失敗者。

只有戰勝恐懼和憂慮我們才能平安、幸福、成功卓越。

面對恐懼我們應該如何做呢？

▶ 「恐懼源於無知」

有位哲學家說：「恐懼源於無知。」這話可以幫助我們戰勝恐懼和憂慮：你擔心害怕什麼，就採取行動了解它。看清它的本來面目，然後用行動擊潰它，戰而勝之。這必須借助積極的心態來武裝自己，積極的心態使人堅強無比，可以克服任何恐懼。

▶ 不要說「人言可畏」

一般而言，流言蜚語對人的影響非常大。

「人家會怎麼說呀！」、「人言可畏！」、「千夫所指」，這些都似乎說明人的言論確實令人害怕，我們似乎不得不恐懼、憂慮。

為什麼會如此？主要原因大概是人言可能會使我們失去面子、失去自尊、受到攻擊、受到威脅等等。注意，這裡是用「可能會」三字，事實上並非如此。

就我們內心來說，除非自己不相信自己，誰能不經我們同意就打倒我們呢？

人言大概有三種，一種是正確客觀的，一種是以訛傳訛的誤會，一種是惡意的挑釁中傷，誇大事實的誹謗。後一種人言，其實反映了人言者的消極心態及虛弱和害怕，心態積極的成功者通常是不會去隨便中傷誹謗人的。

「害怕、申辯沒有絲毫用處，戰勝人言恐懼的唯一辦法就

是用事實、用行動去證明真相。」美國名將麥克阿瑟和英國首相邱吉爾都曾把林肯的這句名言掛在辦公室的牆上。

別人愛怎麼說，愛怎麼寫，我們無能為力。但是，腦袋長在自己身上，我們可以控制我們自己的心態反應，可以控制我們的行為方式。按照自己的志向，努力提升實力，掌握人性的弱點和與人來往的技巧，戰勝一切困難，追求成功卓越，這就是對一切人言的最好回答。

當人言阻礙我們成功怎麼辦？那就採取行動 —— 有策略的行動。對人言能做出的反應中，價值最低的就是恐懼和憂慮。而恐懼和憂慮本身才真正傷害我們自己。

任何恐懼和憂慮都不能改變現實，只能為我們增添麻煩、壓力和障礙。因此說，人言不可怕，可怕的是我們自己不走自己的路；採取行動，恐懼和憂慮就會怕你。

事實上，想要徹底戰勝和清除恐懼和憂慮還要針對情況，採取積極的行動。假如你擔心、害怕公開談話或演講，克服這種恐懼的唯一辦法就是實際去進行公開談話或演講。

一個人從家庭到學校到社會，如果得不到正確的、積極的成功心態教育，這個人只能在社會大染缸裡沉浮，任由命運與機會擺布，失去自我控制。這樣一來，消極的東西就很容易感染他。

我們不能總是陷在不良的情緒中無法自拔，這樣我們的

生活會失去熱情和快樂。在成功的道路上，穩定而良好的情
緒是我們前進的加速器，而不良情緒則會成為我們前進的阻
礙。所以欲成大事者，都應具備良好的情緒控制能力。

第二章
找一個致富指導人

羅斯福總統在遇到政治問題的時候，總會請教政治家，而不是獵人。他在打獵的時候，總會請教獵人，而不是政治家。同樣的道理，在你下定決心要致富時，思考的第二步，就是找到一個致富指導人，為你排憂解難，引你上路……

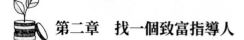

　　有一句話說：「朋友並不見得多就是好，如果認識一些沒用的人，即使再多也是徒勞。所以，只要選擇一些有用的人做朋友即可。」雖然這句話有一定的偏見，但也說明一個道理，成功的人很少單靠個人的能力，通常都得益於良好的人際關係、得益於他人的指導。

　　我們所指的指導並不是單指所謂的專家輔導，事實上，有很多能夠致富的人反被專家輔導所累，因為他們就是容許自己依賴一些過於積極或消極的專家完全支配或履行自己的財政計畫，結果導致嚴重虧損。

　　一位好的致富指導人並不一定是他真的很富有，重要的是在心態上及他所持的觀念原則上起碼是富有的，我們所要學習的往往是這些精神上的財富。首先，樂觀積極的態度是最重要的，當然，不可避免的，一位好的致富指導人也常能對你言傳身教，助你輕鬆踏上致富之路。

▌學會借用別人的智慧

　　孤掌難鳴，雙拳難敵四手，任何一個成功的人，誰也免不了要尋求或是得到別人的指導、幫助。因此，你要是想改變現狀，像富翁一樣，必須要找一個能幫你致富的團隊或是致富指導人，這很重要。同時，你要能借用他人的智慧。

　　不論你是否擁有超人的智慧還是敏銳的眼光，你都有必

要去傾聽別人對你構思的計畫的看法，它不僅是保證成功的必要行動，同時，它也是一種虛懷若谷的表現。相信，他們的意見，你不見得完全都贊同，但有些看法和心得，一定是你不曾想過、考慮過的。廣納意見，將有助於你邁向致富之路。自己的不足之處，若能夠使別人幫忙自己處理，與合作人之間建立良好的信譽，是成功者的法則，也是人與人之間共同發展的主旨。

　　如果你想在某一個領域取得成就，不妨主動、用心去找擁有能力幫助你獲得成功的人，請他給予指導。

　　發現自己和別人的才能，將別人的才能為我所用，就等於找到了成功的力量。聰明的人善於從別人的身上吸取智慧的營養補充自己，最終取得成功。事實上，從別人那裡借用智慧，比從別人那裡獲得金錢更為划算。讀過《聖經》的人都知道，摩西是世界上最早的教導者之一。他了解一個道理：一個人只要得到其他人的幫助，就可以做好更多的事情。

　　當摩西帶領以色列子孫們前往上帝許諾給他們的領地時，他的岳父葉忒羅發現摩西的工作實在辛苦過度，如果他一直這樣下去的話，人們很快就會吃苦頭了，於是葉忒羅想辦法幫助摩西解決了問題。他建議摩西將這群人分成幾組，每組 1,000 人。然後再將每組分成 10 個小組，每組 100 人，再將 100 人分成兩組，每組各 50 人。最後，再將 50 人分成 5 組、每組各 10 人。然後葉忒羅又教導摩西，要他讓每一組

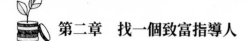

選出一位首領，而且這位首領必須負責解決本組成員所遇到的任何問題，摩西接受了建議、並吩咐那些負責一千人的首領，只有他們才能將那些無法解決的問題告訴給他。

自從摩西聽從了葉忒羅的建議後，他就有足夠的時間來處理那些真正重要的問題，而這些問題大多只有他才能解決。簡單來說，葉忒羅教導摩西學會了如何領導和支配他人的藝術，運用這個方法，調動集體的智慧。

如果你非常渴望致富，像富人一樣風光，那你同樣需要像富人一樣不斷思考現狀、假設，當你有了切實可行的行動計畫之後，不妨把你的夢想藍圖、未來展望，與你的家人、親友、同事等共享。律師、銀行家、會計師也不失為幫你出主意的好對象，多向他們請教，聽聽不同的聲音。

與人討論你的計畫時，要給對方暢所欲言、盡量批評的機會。他們會提出許多問題，甚至指出你從未留心的地方，點出你看不見的機會。對別人提出的種種問題、疑惑，你必須一一找出答案，這樣，你才能把眼光放得更遠，做到未雨綢繆。

把你身邊有智慧的人充分整合起來，形成一個智囊團，在你招兵買馬，找智囊團成員之前，別忘了以下幾點：這些人對你各有何幫助？這些人的才能與經歷，能幫你什麼忙？你如何回報他們與你合作的誠意和貢獻？你的事業是否可以

助他們實現夢想？接受他們對你的批評與建議，必定會促使你認真檢討自己的計畫，也會強迫你思考，你必須讓他們對你單刀直入，毫不留情。要是你無法針對他們所提的問題，想出理想的答案，你大概就有必要回到規劃的階段，重新思考一下你的方向。

　　和不同性格、職業的人聊你的構想，你才能獲得不同的意見。你接觸的人際範圍愈廣，決心就會更堅定，多用點心思來觀察身邊的事物，多用些時間來傾聽各類的意見和評語，觀察別人對你的做法有何反應。從這些與你聊過的人當中，你可以發現，誰願意與你一路同行、誰又會扯你後腿。然後再對你身邊的人進行選擇，找到真正可以共同發展的夥伴。

　　如果你萬一碰上向你潑冷水的人，就算你不打算與他們再有牽扯，還是不妨想想他們不同意你的原因是否很有道理？他們是否看見了你看不見的盲點？他們的理由和觀點是否與你相左？他們是不是以偏見審視你的構想？問他們深入一點的問題，請他們解釋反對你的原因，請他們給你一點建議，並虛心接受。

　　另外還有一種人，他們無論對誰的夢想都會大肆批評，認為天下所有人的智商都不及他們。其實他們根本不了解你想做什麼，只是一味認為你的構想一文不值，注定失敗，連試都不用試。這種人為了誇大自己的能力，不惜把別人打入地獄。

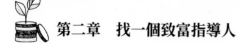

要是碰上這種人，別再浪費你寶貴的時間和精力。他們不值你一顧，還是去尋找能夠與你一同分享夢想的人吧。

▌團體的力量遠大於個體

沒有足夠的力量將你的想法轉變為行動，那麼再美好的想法也只能是空想。而空想對一個想成功的人來說是萬萬不可的，在這裡要闡述的是個人可以怎麼獲得力量，以及使用力量的方法。

在這裡不妨對力量做一個定義：有組織、經過智囊團指導的共同努力，這足以使一個人把他的欲望轉化為財富。兩個或兩個以上的人，為了同一個目標，在合作的狀態下共同產生了組織，即成為智囊團。累積財富需要這種力量！累積財富後，要保存這些財富，也需要這種力量！

如何得到這種力量？首先我們要了解一下知識的來源：

1. 智慧。如創造性的想像力等。
2. 累積的經驗。可以從圖書館和課堂上得到人類累積下來的經驗。
3. 實驗與研究。這是科學每天都在向人類提供的事實與經驗。

　　這就是知識的來源。憑藉知識制定計畫，並將計畫付諸行動，這些都是成為富翁不可缺少的。

　　單人的力量遠遠小於團體的力量。只依靠一個人的力量彙集知識用以制定計畫，會遇到很大的困難。如果目標很大，那麼在制定計畫時就必須與人合作，用集體的智慧來形成力量。

　　由集體的知識與智慧凝聚而成的力量將是巨大的。反之，你就會失去力量。但你在選擇智囊團時要特別謹慎，他們要能實際給予你幫助。

　　為了使你深刻了解智囊團所能給予你的力量，我們先在這裡解釋智囊團的兩個特性。第一是經濟性，第二是精神性。經濟性的一面很清楚，任何人只要能得到智囊團全心全意的協助，給他建議、忠告及合作，他就能獲得經濟利益。這是所有巨大財富累積的基礎，你了解了這一點，就能決定你的經濟地位。

　　智囊團的精神性比較難理解。下面的這段話或許會使你得到一些啟示：「兩個人的心智放在一起，就會產生第三種看不見的無形力量。我們可以把它叫做第三個心智。」

　　人的心智是一種能力，它有一部分屬於精神性。當兩個人的心智在和諧的狀態下相融合的時候，他們的精神便結合在一起，構成智囊團的精神特點。

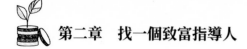

卡內基的智囊團約有 50 人。卡內基把他獲得財富的原因完全歸功於這個智囊團所產生的力量。

我們再觀察一下所有擁有龐大財富的人，就會發現他們幾乎毫無例外都奉行了依靠「智囊團」的原則。

因此說，積極的心態有助於你克服困難，而智者的智慧更能助你達到成功的彼岸。

從事企業管理的人都知道，讓所有的員工和諧工作，是一件多麼不容易的事。團結起來，集全體的智慧於一起，向著一個共同的目標努力，乃是力量的最大來源。天才和領袖們都需要這種來源。

財富是害羞的、容易溜走的，它必須靠追求才能得來，就像年輕人追求女孩一樣。它需要追求者的欲望、信心、毅力，還要有計畫、有行動。

有組織、受智慧引導的知識便是力量，它能推動計畫以取得成功。智囊團正可以提供這種力量。

在我們的人際關係網中，並不是單指某一位成功人士是你的致富指導人，每一個人都可以成為你的指導人，只要是對致富有利的人，他都可以成為你的致富指導人。然而大多數人卻很少從身邊的人學習致富的經驗，而忽略這個資源的利用，導致我們不能致富。

在人際關係中，有所謂指導者、協助者、競爭者三個角

色。如果這三種人際關係可以區分為自己所屬的部門內、部門外、以及公司外三個地方，則屬於最理想的狀態。雖然協助者或競爭者在部門外或公司外容易產生，然而提到指導者，目光未放在公司外的情形甚多。從指導者的字面上，大多數的人通常只聯想到自己的直屬上司。

在企業的結構裡，上司無法任由自己選擇。因此一旦配屬到令人無法尊敬的上司時，通常會產生放棄的念頭。然而，如果你認為直屬上司無能，不妨將目光轉向外界。受人尊重的指導者，只要環視部門外或公司外一定可以發現。

由於上班族必定要在公司狹小的領域中活動，因此如果在公司內無法找到這種學習對象時，可能會立即產生辭去工作的念頭。由於含混眺望著周遭世界，覺得你在公司裡沒有重要的依附對象，很容易覺得「外在世界更有趣」。然而縱使辭去工作轉換公司，相同的情形仍將重複出現。

所謂指導者，換句話說，係指「有一天，我要擁有和他同樣的成就」的學習對象。如果缺乏這種具體的對象，無論是上班族或一般人，都無法獲得成功。如果能觀察自己眼前活生生的學習對象，不斷吸收對方長處，必定可以逐漸確定自己的理想抱負。而且，如果能將那位學習對象於 40 歲時實現的成就，激勵自己在 35 歲時實現，並且訂定具體的行動計畫，很快，你便可以超越自己的指導者。

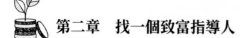

在公司外尋找指導者的情況下，指導者即使是未曾謀面的人物也沒關係。你也無須要求對方承認你為弟子。從你自認「我要將他當作指導者」的那刻起，你即已成為對方弟子。然後，你只需觀察那位指導者，努力將指導者說的話一句不漏聽進腦海裡即可。倘若對方是名人，你可以將他撰寫的書全部讀過。即使不曾見過面，單憑這點即可成立弟子關係。

不過，和身旁指導者不同的是，你無法向未曾謀面的指導者直接討教。因此面臨新的問題時，可以自行思考說「如果換作指導者，他會採取什麼步驟呢？」利用這種方式重複摸索實驗，必然可以累積成自己的經驗。

取得適當的財富「硬實力」是致富必不可少的條件

在未來社會，資源及資訊是財富的「硬實力」。如何掌握、運用、配合、突破及跟進是財富的「軟實力」，所以你如何運用周遭的資源及資訊是致富的必備條件。

曾有人分析美國 100 位白手起家的百萬富翁，他們的年齡從 21 歲至 70 歲，教育程度從小學到博士都有。他們之中有 70% 的人來自人口少於 15,000 人的小鎮，然而，他們卻有一個共同的特徵，那就是都擁有良好的人際關係，並且能

夠掌握、利用這些有利於致富的資源，無論在什麼情況下都是如此。

與人交際是我們獲取資訊的重要途徑。資訊時代具有如下兩個特點：一是知識總量急遽成長。二是知識更新的速度在日益加快。人類知識在西元 19 世紀每 50 年增加一倍，20 世紀中葉每 10 年增加一倍，到 1970 年代每 5 年增加一倍。目前大約每 2～3 年增加一倍。現代化知識資訊的急遽成長和更新速度的加快，使得人們必須透過交流獲得資訊，在競爭中取得優勢地位。

有人在與松下幸之助先生會面時，曾提出了這樣一個問題：「請你用一句話來概括你經營的訣竅。」他回答說：「首先要細心傾聽他人的意見。」松下幸之助在最初創辦「松下電器製作所」時，儘管生意規模不大，然而每到年底，他都要召集所有的員工，把一年來的財務情況和盤托出，講明盈利多少，徵詢下一年的經營意見。年復一年，形成了習慣。他總是在充分傾聽各方人員的意見，在這個基礎上，確立下一步的經營目標。做好心理準備，始終如一，百折不撓，向著目標邁進。由於及時聽取別人的意見和建議，使松下幸之助每前進一步，每上升一個臺階，他都已經想到下一個目標，下一個臺階。松下公司的幹部、員工無不表示：「無論是多重要的問題，經理松下先生都當機立斷，不管到何時，他那過人的判斷力令人佩服。」

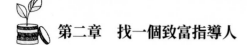

松下幸之助之所以成功，正是由於他在作出決策之前，已經多方面聽取所有能為「松下」經營獻計獻策的人的意見，包含部下在內。可見，透過人際交流獲取準確的財富「硬實力」是致富必不可少的要素。

▌好幫手有助於使你達到成功

智者千慮，必有一失，一個人的力量再強，也比不過集體或是眾人，因此，找一個好的幫手，對於讓你走向成功非常重要。

找個好幫手，也就是找一個能和你並肩作戰，克服任何難題，取得勝利的夥伴，這樣的幫手對任何人來說都不可或缺。然而，事實上，人們因為自私心或是擔心被他人取代，往往不願意找比自己更好的幫手，這對致富、成功是非常不利的。就拿一家小公司為例吧。想像一位經理負責僱用工作人員，如果害怕被取代或是被搶走鋒頭，他可能會僱用聰明才智和競爭力遠不及他的人，甚至不知道這項隱藏的成見會讓公司生意一蹶不振，可是那就是他應徵人的原則。他被僱用的原因不是經營生意的專長，而是他致力於讓一樁生意成功的努力。可是他的作法卻讓自己處於一群資質比他差的人當中，因為他相信只有這樣，他才能夠鶴立雞群。事實上，建立在恐懼基礎上的事業，是注定要失敗的。

很多人都會落入這樣一個陷阱：「我自己來做比任何人都做得好」。其實，這是基於恐懼的愚蠢想法。浪費時間去做別人可以做得更好的事情實在很荒唐，因為你的時間最好還是花在真正擅長的事情上比較划算。事實是，沒有人是全能專家，可是大部分人都有自己的專長。舉一個簡單的例子來說，如果你可以每小時賺 50 元美金，不管你做的是什麼，你都有理由一直做下去，再另外聘一個人來做費時的工作，例如整理你的書籍和唱片。這樣一來，你就不會浪費寶貴的賺錢時間 —— 這大概也會比你自己動手更有條理。

一位非常成功的朋友開玩笑說，從舊金山開車到太平洋西北地區太「奢侈」，他沒有辦法負擔。雖然機票很貴，但他寧可付錢給航空公司去做他們所擅長的事 —— 將他快快送到他必須去的地方 —— 也不願意開 12 個小時以上的車，錯過成功和建立事業的潛在機會。

當你拋開恐懼時，你就會發現，願意向外求援是有回報的。你不但不會丟掉飯碗，還會因為對事業的成功有功勞而受到讚賞。當你想到要「僱用好幫手」時，另外一個更好的機會就在轉角處了。

一家好企業的定義是，有人能夠透過他自己和他人的努力達成預定的目標。既然僱用好幫手就能完成目標，何不提高標準？一旦做到這樣，你的工作品質將會大大改進，你的收穫也會大大增加。

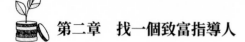

一個成功的生意人肯定是一個善於尋找並利用好幫手的人。

找一個符合要求的致富指導人

一個電影明星的演技或許是無可挑剔的，但是如果要她來評論劇本的好壞，只會糟蹋那劇本。一個傳道的牧師或許是一個很正直誠實的人，但是如果要他判斷某種專賣藥品是好是壞，恐怕就有受人議論之虞了。總之，一個人在某一方面很擅長，並不代表他對於任何事都有證明的資格。

某次，羅斯福在牧場工作時，與他的一個上級主管麥利菲德在培德蘭打獵。他們看見一群野雞，羅斯福便追上去。

「不要開槍！」麥利菲德喊著。

羅斯福對於這個命令毫不理會。當他的眼睛正盯著野雞的時候，忽然從樹叢中跑出了一隻獅子，從羅斯福眼前掠過。羅斯福想拿出他的手槍，但是已經太遲了。

麥利菲德瞪大眼睛，責罵羅斯福是天大的傻子，並以命令的口吻說道：「以後每次我舉起手的時候，你就要站著不動，懂嗎？」

羅斯福安然忍受著同伴的怒氣，因為他知道同伴是對的，日後他也服從獵人的命令。他之所以服從是因為麥利菲德在打獵上表現了高超的知識和經驗。

人們在求教於人時最容易犯的錯誤就是找那些使自己心中覺得舒服的人，而忘了求教於他們的真正目的是獲得指導。瓦烈梅克曾經說：「年輕的人徵求別人的意見，並不是想追求真正的智慧，或是利用長者已有的經驗。他們不過是想要別人來肯定他們的結論，如果得不到這種同情，他們仍會按照自己的計畫而行。」

無論你的感覺好壞，重要的是求得真理。你可以找到可靠的人，獲得你所需要的見解。要知道，丟掉那些使你覺得舒服的意見，終究是值得的。你要養成一種對於別人的建議沒有成見的態度，要使你的判斷與你的感受完全獨立不相關。

在你決定向他人請教之前先問自己：「這個人對於這個問題，能夠貢獻出什麼新意見嗎？」如果他可以，就向他請教。如果他不能，那無論他是你多麼要好的朋友，或是在其他方面多麼有才幹，你也不可以去問他。

總之，你要找的人必須擅長解決你遇到的這類難題。你的妻子會是你的忠心伴侶，但是想從她身上得到有關投資問題的完整建議，那就完全弄錯了。你的丈夫或許是一個極有能力的商人，但是如果你想買帽子去請教他，或許也是找錯了人。選擇最好的人來指導你，但同時你要確實知道，你選的這個人足以解決你的問題。不能把各種各樣的問題都只請教一個人。事實上，一個人在各種事業都專精是不可能的。

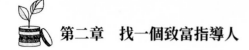

是哪一類問題，就該請教哪方面的專家。

　　永遠要記住的一點是，教導的意思是教學和指導，而絕非是找人代替。例如：教導你打球是指導和教你打球，並非是他人代替你去打球，所以無論是工作上的教導或財務投資上的指導，最終都是由你做主角，以你自己為主、為本的。人的潛能只來自行動，你要找到最好的指導人，使你成為致富的贏家。當你從那些好的指導人那裡學到許多東西的時候，你同時也會慢慢的成為自己的致富指導人，你也將會成為成功的致富者。

▍向贏家求教

　　這個世界有很多天才，但不可能每個人都是天才，這個世界上有很多富有的人，但並非每個富有的人都是單憑自己一人取得輝煌成功，更大一部分人的成功往往建立在向贏家求教的基礎上。向贏家求教絕對是每一個想要像富人一樣成功的人一定要做的事，因為它有助於使你快速成功。

　　每一個行業的從業者都想成為該行業未來的霸主，因此，想要出人頭地就要學習，就必須有向外跟同行學習的膽量。他們必須鐵面無私的評估自己的目標和能力，然後模仿學習，調整適應，甚至如果肯努力的話，有時還能超越他們原來學習的對象。

任何一個行業都有模仿的對象。沒有蘇格拉底就沒有柏拉圖；俄國冰上曲棍球隊向加拿大隊學習；馬諦斯取法高更的繪畫技巧。

因此，想要成功，就要向成功人士學習，向他們求教。

東尼說：「我們常說，『我們做不到』，因為我們只接觸到一般人，一般人都以他們眼下的成就為榮。」

創業者應向贏家學習，成功的創業者更應向贏家潛心學習。

向贏家求教，通常會促使你採取並實施最有效的方法去吸收經驗。

只要你用心尋找，任何一個人都能找到贏家去學習，去加以理解後再模仿。有時，自己的最佳供應商或是最佳顧客就是一個很好的模仿對象。美國第一芝加哥公司執行一項品管企畫的時候，他們知道這跟許多著名的大公司都有關係，於是主要去向這些公司求助。有些公司甚至向他們的日本關係企業學習。

事實上，大部分傑出的公司都很樂於助人。你大可向在這個產業有傑出成就的大公司學習，但是，如果你的對手不肯幫忙，沒關係，整理出公司內需要協助的部分，然後找一家不是競爭者的其他產業的企業。這樣的企業同樣可以為你帶來啟發和指導，關鍵是你是否用心，是否願意從不同中找出相同之處。

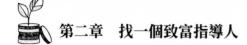

　　總之，研究、學習同行高手可以幫助你順利通往成功的彼岸，只要你善於從他們的失敗中總結教訓，從他們的成功中獲取經驗，成功一定屬於你。

　　很多人之所以中途創業失敗，有一部分的原因是害怕向人求助。向人求助並不丟臉，比起因為你不肯求助於人而最終功敗垂成，這算不上什麼，任何一個富人，都曾經有求助於人的時候，因此，你完全沒必要、也沒理由害怕向人求助。

　　《心靈雞湯》的作者傑克‧坎菲爾（Jack Canfield）和馬克‧韓森（Mark Victor Hansen），稱呼這個簡單的策略為「阿拉丁法則」，只要說出你想要的 —— 協助、加薪、原諒、點子、另一次機會、休息、或任何事 —— 就能得到驚人的成果。不但只要開口就能得到你想要的，而且你所要求的對象通常還會感謝你先主動提出要求。

　　有很多人之所以不願意向他人求助的原因是因為他們害怕別人的拒絕，他們擔心造成糟糕的後果或是得到負面的答覆。他們懷疑自己不值得別人的協助。為了無數的理由，他們讓過去的負面經驗或他們自己製造出來的恐懼，阻礙了目前的機會。

　　記住這一點：當你向某人求助時，你其實是給了他們一個機會，給他們一個恩惠，讓他們感覺到有人需要他們。

　　向成功者學習，這是所有想事業有成的人都要經歷的過

程。但必須明白一點，從別人的成功經驗裡學習一些東西是可以的，但切忌將別人成功的做法生搬硬套運用在自己的事業中。因為：

任何事情都有它自身的特點，別人的辦法只適合別人的事業。

一旦公之於眾的辦法，已經成了普遍規則，它就不是智慧的精華了，也就不實用了，何況很多人創業的祕密是絕對不會告訴別人的。也就是說，成功者創業最關鍵的「招數」永遠不可能公之於眾。

因此，對於所有成功者的經驗和想法，一定要抱著一種警惕的心態去接受它。

絕對不能步成功者後塵，因為那樣只會是空熱鬧一場。

▌「兼聽則明」的道理

每一個創業者，總是對自己所處的環境不太了解，在你最初創業時，在很多想法上你煞費苦心、花了不少心思，尤其是對新產品的構想。但它是否具有實際可行性，究竟採取哪一種方式最好，這便需要廣泛的調查和研究。在你檢查自己將要研發的新產品的時候，需要做大量的市場調查工作。市場調查可以有兩個主要成果：對產品的準確定義和了解確切的市場情況，這些都是你的商業計畫的最基礎部分。

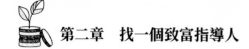

　　這些資訊如何獲得？管道有很多。比如各類經濟雜誌和報刊、商業數據統計表、各類市場報告、各種商業協會團體、專家人員，還可以直接僱用專業的市場研究公司。現在有許多的市場研究公司為創業者提供各類的市場調查服務，他們有著專業的調查員和有系統的調查方法和分析方法。

　　與之相比，最有效的調查形式正是與潛在顧客舉行座談會進行討論，幾次高品質的面談能給你的啟發會比大量的文字資料還多。當你與潛在顧客會談時，一定要把自己的目的描述得對他們有利，這樣會獲得更多的合作機會，並且讓對方確認不會占用他們太多的時間 —— 通常在一小時內。準備好你要討論的全部問題的清單，以防遺漏，在會談之前自己要有充分的預想，以找到一個正確的邏輯順序。在面對面的座談中，被調查人往往傾向於給出較積極的答案，這需要你用進一步的問題來檢驗。有時，被調查者所列的購買欲望未必都能轉化為需求，這與外在的收入水準有關。

　　市場調查往往是為了獲取以下幾方面的資訊，它們通常因為你所要創立的事業不同而有所不同：

1. 顧客的需要、需要的原因、動機、程度和需要哪些特定的功能；
2. 對購買決策的影響因素—哪一個是決定性的；
3. 市場規模和成長情況；

4. 競爭者的優勢和弱點；
5. 進入門檻和條件；
6. 相關的市場趨勢；
7. 可利用的銷售管道。

在獲得這些資訊之後，你要廣泛徵求各方面的意見，包括各類潛在顧客、市場管理者、各類專業人員、你的同盟者，甚至於將要成為競爭對手的人。他們會提出種種設想和意見，也會就各個方面和角度來發表見解 —— 儘管這些人的結論可能是完全矛盾的。但這些因素都是你做出一個全面決策所要注意的問題，所謂兼聽則明。

▍向能接受危機的人學習

通往成功的路是一個漫長而艱辛的過程，在這個過程中，你會遇到各種困難、險阻，有時你也許會因為看不到出路而暫時失去自信，原本擁有堅定的想法和信心，如今卻滿腦子疑惑，無法確定自己的選擇是否正確。過去讓自己驕傲的成績也顯得黯淡無光。一條完全不同的道路像幻影般浮現在眼前。自己沒有選的道路，以及別人選的道路，似乎都比自己選擇的道路還要好。對那些為自己白白辛苦的人甚至感到良心的苛責。

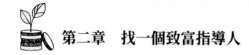

　　這是不安、動搖、混亂的時期。或許有人會說這是憂鬱症或神經緊繃造成的，只要去度假、旅行或做短期治療就可痊癒。但是，這是必須對抗或迴避的病症嗎？不，與其如此，不如接受它、體驗它，然後從中獲得教訓。這是我們可以從那些善於接受危機的人學習到的寶貴經驗。

　　想要成功，得先讓心態和致富同步，在致力於某項投資時，絕不能喪失自信和心存懷疑。相反，必須緊盯著目標，心無旁騖，為達成目標而絞盡腦汁。必須說服自己，自己走的是正確的路線，將來一定會成功。另一方面，若採用某種方法而獲得成功時，就應該認定這個方法有效而繼續走下去。例如，在某家餐廳，客人特別稱讚某道料理，廚師就會繼續做那道料理。如果某位畫家能夠實現自己的意念，畫風又博得評論家的讚賞，他將會充滿喜悅，埋首於那種風格。確立某個理論的科學家不會再尋找替代性的理論，而是把該理論應用到自己碰到的所有案例。

　　可是，隨著時間的推移，先前為我們獲取巨大利潤的方法或技巧，逐漸成為固定的模式。廚師機械化的烹煮同樣的料理，不再向新的料理挑戰。畫家重複同樣的事，不斷模仿自己。科學家對新的、無法說明的現象，也套用自己的理論來解釋。他的理論原本是用來了解外界的手段，現在卻遮蔽了他的眼睛，使他看不見現實。同理，產品銷售如果總是以

促銷的手段來進行，長時間獲得的利潤並不可觀。

正因為如此，我們有必要週期性的陷入危機。有時候那是某種失敗導致的結果，或是長期受到忽視的現實，對我們的習慣施以痛擊的結果。但是，還有一些時候，由於我們發覺自己變得很僵硬，好像死了一樣，危機感也會在我們內部成形。這時候，往往可以達到成功的頂點。

這時候，必須以截然不同的觀點來看這個世界，超越我們的習慣，重新出發。為了獲得更大的成功，我們必須捨棄過去的方法。危機雖以否定的形式出現，卻是再生與重建工程即將展開的信號。

在精神生活層面，真正的進步必須經歷這種危機，我們可以藉此徹底檢討自己的本性、我們的所作所為以及我們的期望。

破壞目前所擁有的東西、所確信的事物，可以創造出一種充滿無限可能的創造性。這樣才可能重新前進，因為我們變得沒有包袱、心無雜念，並且謙虛。

▎向你崇拜的上司學習

一個優秀的上司總能讓與之共同工作的人相信他們正在參與一項重要的、有價值的事業，值得他們全心投入。我們如果有一定程度的工作經驗，就會以參與企劃為榮，並不惜

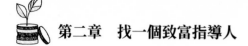

傾注所有的精力。在心態上會變得願意接受上司和同事的批評，而不是一味幫自己辯解，並會強烈期望這項企劃能夠成功或有進展。這樣的心態往往能創造出驚人的成果。這樣的領導者讓我們信服，同時也可以成為典型的致富指導人。

每一個領導者都渴望他的部下有堅定不移的信心，但通常很少有人成功。因為在讓別人相信之前，領導者自己必須具有堅定不移的信心。

一個企業一旦從上到下都擁有積極的工作熱情，那麼，每個人都會盡全力去避免錯誤，完成任務。他們很少受到責備，反而更常聽到讚美。相反，有些企業絕對聽不到稱讚的聲音，在那種地方，人們認為稱讚別人，自己彷彿就矮了一截。

在這樣的企業裡，雖然每天朝夕相處，卻形同陌路，每個人從心底帶著防禦的面具。他們一抓到別人的把柄，就猛烈批評，從不稱讚別人或肯定別人。稱讚別人，就是肯定別人。對你說「做得很好」，就是感謝你所做的，肯定你對團體的貢獻。缺乏稱讚的能力，就是缺乏判斷別人是否做得好的能力。

事實上，每一個員工都在為企業的發展貢獻自己的力量，其本身就是值得稱讚的。例如常見的是領導者對外介紹自己的部下。介紹部下等於公開稱讚他們。這只要用適當的話和一點手勢就夠了，彷彿是在公開宣稱企業以擁有這個人

為傲。管理者的價值觀和行為會影響每一位員工。

　　一個優秀的企業，一定會有優秀的管理階層。當領導者必須斥責某人時，不會當著眾人的面，而會在私底下斥責。因為他不願羞辱自己的部下。更重要的是，他不願讓其他部屬認為這是可乘之機。當眾斥責會讓嫉妒的人喜悅，並挑起競爭心，甚至四處傳染這種毒素。當眾斥責不僅使士氣低落，而且會毒害整個企業，進而使復仇心傳播各處。

　　有些充滿自信的領導者覺得當眾讚揚或斥責無關緊要，然而這種態度會使每個人都噤若寒蟬。大家都害怕遭到斥責或期待受到稱讚。這些員工好像是小孩，站在反覆無常的老師面前，或是凶暴的父親面前，全都畏畏縮縮。這樣的結果，會讓員工背著你團結在一起，領導者因而無法獲得真實的資訊，他得到的是假的資訊和不正確的資料。當一個人把自己的虛榮與自尊心視為最重要時，就很難獲得別人的信賴。

　　有些領導者以放權為藉口，對任何事情都漠不關心，這樣導致的結果必然會失敗。有些領導者不參與工作，把事情都放手交給部下去做，然後就順其自然，既不斥責，也不稱讚。這樣的領導者會讓員工不關心企業並導致士氣低落。員工期望領導者能積極關心企業以及在企業工作的人。領導者只要能做到這點，即使有些妄自尊大或誇大其詞，都可以被容忍。

　　想要成為一個優秀的人才，必須向優秀的上司學習。

▌與人溝通，有助你擺脫視野的束縛

卡內基在某一次講課中講述了這樣一件事：

日本一位學者曾提出兩個有趣的算式：$5 + 5 = 10$ 和 $5 \times 5 = 25$。

這兩個算式的意思是：假設有這樣兩個人，他們的能力都是 5，這樣，兩個人的能力加起來則等於 10。如果他們互不來往，或者雖有來往卻無坦誠面談和交流，那麼他們的能力都不會有任何提升。這是 $5 + 5 = 10$。

如果他們交流資訊，相互合作，便可能因為互相「感應」而產生思想「共鳴」，使兩個思想重新組合而發揮出高於原來很多倍的效果來，猶如 $5 \times 5 = 25$。

英國作家蕭伯納（George Bernard Shaw）有一個關於交換蘋果和交流思想的有名的比喻。他說，如果你有一個蘋果，我也有一個蘋果，若我們互相交換這個蘋果，那麼，你和我仍然是各有一個蘋果。但是，如果你有一種思想，我有另一種思想，而相互交流這些思想，那麼，我們就將各有兩種思想。

與人交談，有助於你擺脫原有視野的束縛，進入一個更自由的思想天地，在一定條件下，還會產生質變，生出更多的新思想。

　　我們學習交談的技巧，就是要追求產生出「新思想」這樣的效果，即 $5 \times 5 = 25$。

　　在現代社會，相互合作顯得越來越重要，閉關自守、固步自封是沒有出路的。社會如此，個人也如此。在日常生活中，我們經常有這樣的經驗，同樣一件需要與別人商談的事情，不同的人去談，結果大相逕庭。有的人不僅達不到 5×5 的效果，甚至連 $5 + 5$ 都做不到。如果成了 $5 - 5$，那就真應驗了中國那句古話：成事不足，敗事有餘。

　　這絕不是危言聳聽。在日常生活中，幾乎每個人都可能碰到因「詞不達意」而使人曲解、誤解、招致煩惱，甚至結下仇怨的事情。在社交場合中，你也許會因為不能隨機應變和出語不敏而被弄得言困語窮、醜態百出。

　　還比如，你未能及時察覺到談話對象心緒不寧，而自己一味喋喋不休，這時你的「金玉良言」只能得到 $5 - 5$ 的效果了。

　　再比如你出言不慎，誤觸對方的傷心處，而你還自鳴得意，可想而知，談話的結果該是怎樣的一番情景。

　　像這樣，充分利用談話的機會，追求人際交流的乘法效應，對於你走上成功的坦途，就是非常重要的一件事。

　　數年前紐約一位企業家說，他在大學讀書的時候就察覺到，如果這一生真要出人頭地，一定要學會溝通，特別是向很

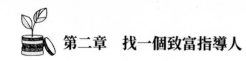

多的人講話，因而他參加了卡內基訓練，而他學的是化學。

其實我們之中有許多人有這種經驗，我們在求職的時候，主考官對我們的印象常是決定錄取與否的關鍵。而且職位越高，像應徵經理、總經理的時候，印象更重要，而我們的溝通能力就是這印象的重要組成部分。

在工作、賺錢、事業發展方面，我們需要別人的支持、合作才會成功。怎麼樣才能得到他人由衷的合作呢？那就要靠與上司、老闆、客戶的溝通能力了。

著名成功學大師卡內基這樣說：「所謂溝通就是同步。每個人都有他獨特的地方，而與人交流則需要他與別人達成共識。」

可見溝通是一種能力，不是一種本能。本能天生就會，能力卻需學習才會具備。

第三章
置身於高報酬的領域

影響你未來財富最大的因素，是你所選擇從事的行業的好壞，以及資產報酬率的高低與投資時間的長短。你所選擇的產業在該領域裡是否能獲得高額報酬、是否能在最短的時間裡見效，直接關係到你能否致富。因此，思考的第三步，就是要在致富指導下，置身於高報酬的領域，這樣才有致富的機會……

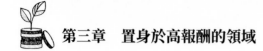

　　高報酬率對每一個想迅速致富的人來說，絕對無法抵抗其誘惑力。高報酬率同樣隱藏著高風險。世上絕沒有無風險而高報酬的行業，每一種高報酬的行業伴隨著的都是高風險。

　　未來的世界是一個飛速變化的世界，無論是經濟、金融、企業等各層面，必然加速變化，整個投資環境也會變得更加複雜，毫無疑問，未來財富的重新分配亦必然會加速進行。面對未來多變的投資環境，不冒險反而會變成冒最大的風險。

　　勇於冒險的人，並非不怕風險，只是因為他們能認清風險，進而克服對風險的恐懼。當一個人能夠控制恐懼，他便能控制自己的思想與行動。他的自控力能讓他在紛亂的環境下，仍然處變不驚，並能無懼於後果的不確定性，而做該做的決定。

　　世界上任何領域的一流好手，都是靠著勇敢面對他們所畏懼的事物，冒險犯難，才能有出人頭地的一天。你選擇的那些適合你自己的致富指導人同樣如此。那些利用投資致富，實現夢想的人，也都是如此，都是以冒險精神做為後盾。

　　切記，高報酬率同樣隱藏著高風險。缺乏冒險精神，夢想永遠只能是夢想。只有勇於投資在高期望報酬的投資目標上，並承擔其所伴隨的高風險，才能走向成功。

▌了解投資風險，勇於冒險

任何投資都可能帶來風險，這是投資不可避免的。每一個投資人都應明白什麼叫風險。風險的概念，用通俗的話來講，指在未來會造成虧損的可能性。只要有可能帶來虧損，就存在風險。

常見的風險分類，有以下幾種：

▶ **本金損失的風險**：不論是因市場因素或經營優劣，只要會損失本金，就有這類風險。

▶ **收益損失的風險**：是指投資無法帶來預期的收益，如收不到租金或無法分配到股利等類型的風險。

▶ **通貨膨脹風險**：也稱為購買力風險，雖然對投資影響相當大，但很多人卻往往忽略了這項因素。

▶ **時機風險**：有股票買賣經驗的人都知道，適時進出，低買高賣是賺錢的好方法，但真正能掌握時機的人卻很少。除了股票外，房地產、公司債券和其它投資性較高的投資（如期貨）受這種風險的影響也很大。

▶ **流動性風險**：指投資無法在需要時轉換為現金。銀行存款、債券和多數股票通常都可以很快變現，所以流動性風險較低；但房地產和一般私人收藏品就不是容易變現的投資，風險較高。

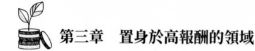

▶ **管理風險**：是指需要花時間、精力進行管理，從另一個角度來講，也算是一種風險。買一棟房子來出租，就牽涉到這種風險。另外，股市投資人經常把時間耗在證券公司裡，無心從事正常的職業，這種風險事實上出奇的高。

▶ **稅收風險**：嚴格而言，這項因素絕對不能忽視。規劃不當，實質投資獲利會減少。

▶ **利率風險**：對於身負債務的人而言，利率上升會使利息負擔增加；對靠利息收入維生的退休人士而言，利率降低會使收入減少。

對於一個投資者來說，充分考慮你可以承擔的風險關係到你能否順利投資成功。

當然，人生就是在不斷冒險，不可能每件事情都等到有十分把握才採取行動，這樣一輩子也做不成大事。一個志在成功的人，同樣需要勇於冒險，勇於承擔責任。

俗話說得好：不入虎穴，焉得虎子。沒有冒險精神，絕對與成功無緣。因為風險與機會並存，當成功人士已經冒險行動時，你還在觀望，機會只在少數人行動時才是機會，等到大白於天下時，成功的彼岸早已人滿為患！

事實上，冒險精神對一個立志成功的人來說非常重要，這關係到他是否能掌握先機，掌握局勢，做到隨心所欲。

高風險孕育高報酬率

你害怕冒險嗎？如果是，你也並不孤獨。大部分的人都害怕冒險，只有極少數的人是天生的冒險家。但是，為什麼有些人在面對風險時，如此的悠然自若，而且能取得成功？原因是這些人深知「不冒高風險，焉能投資致富」的道理。的確，正確的風險觀應該是：去冒值得冒的險，然後再設法降低風險。

成功的投資家是以「致富」的冒險為背後的真正動力。儘管必須準備承受價格波動起伏的壓力，但只要期望報酬高，有風險報酬，冒險終會獲得成功。

正確的做法是，每次要投資時，務必先了解可能遭遇的風險，並對每個可能發生的狀況預先設想回應方案。分析盲目冒險的成分有多大，預估成功的機率有多少，且在過程中，須不斷重新評估。我們建議投資人在從事任何投資前，最好列出一張風險報酬評估表，將所有因素加以衡量，設想最壞的情況發生時，自己是否能夠承受，而這個目標的投資報酬率是否理想。

凡事必須做最壞的打算，也做最好的準備。投資更應該如此。在進行任何投資前，無論你多麼有把握，都應思考一下，「未來最壞的情況可能是什麼？」然後再問「最壞的情況發生時，我能不能承擔？」如果以上的答案是肯定的，那

麼只要投資的預期報酬夠高，便應該投資。如果最壞的情況發生時，後果是我們所無法承擔的，那麼不管報酬是多麼迷人，也應該斷然拒絕投資。

　　投資致富的關鍵所在就是要嫻熟掌握高報酬率，並能管理因此而產生的風險。投資環境千變萬化、複雜難測，唯一不變的就是變，有些外在因素（如利率、匯率、通貨膨脹率等）一定會變化，只是不知道會如何變化，另外還有些特殊狀況（如戰爭、政治事件、天災）等，亦是無法掌控的變數。想在詭異多變的投資世界，做到投資致富，最重要的是不要埋怨變化，而是要事先做好各種變化的準備，甚至應該期待變化，因為唯有變化，才有可能產生致富的機會。變化是威脅也是機會，就視你如何應變，善於投資者往往能從變化中攫取獲利的機會。

　　成功者總是和冒險家分不開，但冒險家並不等同於成功者，只是成功的投資者都具有冒險的本領。他們絕非是將「冒險」視為樂趣，也並不因為冒險的行動而感到刺激、興奮。他們冒險完全是為了高投資報酬率，因為所有高報酬率的投資，皆具有高風險，因此冒險是投資致富無法避免的過程。

　　大多數人認為投資股票是極為冒險之事，投資股票的人都是風險愛好者。事實上，投資股票並不是因為喜歡股票的

風險，而是，所有高報酬率的投資都具有高風險，為了致富，你必須冒險將錢投資到高報酬率的目標上，並承擔它所伴隨的風險。善於投資者，懂得冒險及設法降低風險，事實上，若能確實做好降低風險的措施，投資的風險其實是很小的。

　　有變化、有風險的投資，必然有高投資報酬率。這就是投資股票、房地產的原因。但由於多數的人有規避風險的傾向，避免投資有風險的股票、房地產，才使得較能承擔風險的人，更能獲取較高的報酬率。

按照自己的標準選擇工作

　　所選工作的好壞直接關係到你能否獲得成功，選擇自己擅長、樂於為之傾獻一生的工作，你就一定能取得成功，成功的大小，取決於你所選產業投資報酬率的高低。

　　很多人的職業是在父母、親人、教授、朋友的意見下決定的。

　　羅文從小就被告知，將來他要當一個律師，讓父母以他為榮。他成長時知道這是他討好媽媽和爸爸的唯一方法。所有的親戚也都期待他會選擇這條路。這些年來，家人常常提到這位「未來的律師」。家族成員中也有兩位律師。他們都功成名就，家中每個人都很景仰他們。

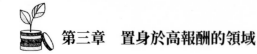
後來羅文真的成了一名律師。但是他討厭法律界,而且也因為賺不到錢而感到抑鬱不已。他的朋友和同事覺得有趣而令人興奮的法律工作,他卻覺得枯燥而困難。他掙扎了多年,終於覺得自己快發瘋了。

透過短期的諮商,羅文發現,由於害怕使父母失望,他被迫從事一個無法給他任何成就感的行業。

發現了這個恐懼來源以後,他拜訪了一位職業顧問,透過一系列的測驗後發現,他的法律適應度在所受測試中成績是最低的。難怪他的職業會失敗!他只能勉強合格。測驗顯示,他比較適合市場行銷產業。他趁機改變方向,如今他不但喜歡他的新工作,而且生意興隆,他的許多行銷點子都極為成功,他很快就變成了「熱門搶手貨」,經濟生活很快就有了極大的扭轉。如今,他十分富有,更重要的是,他很快樂。

這則故事所傳達的資訊極為重要:我們想要取得最好的成功機會,必須先消除恐懼,包括害怕別人反對的恐懼。請檢視你進入自己所選擇的職業生涯的原因。究竟是不是出於真正的喜悅和興趣?這才是致富的所在。有沒有一項因素是為了取悅父母,或別人?你是不是沒有得到你以為可以得到的注意力?如果這些問題的答案是肯定的,你大概就該尋找新工作了。如果有必要,找個心理學專家或職業生涯顧問,他們可能可以在這件事情上給你一些啟發,或者提供你一些

有用的指引。按照自己的標準，找一個你喜愛，並願意為之付出一生的工作，你就會離成功之路越來越近。

投資在有發展性的領域

投資在有發展性的領域並非要你找陌生而不熟悉的領域，是要你在致富指導人的幫助下選擇最擅長、也有發展性的領域。

西元 1996 年被美國富比士雜誌評為美國第二大富豪的巴菲特，被公認為股票投資之神，他聲稱個人財富淨值超過一半可以歸因於大約 10 個投資決定。他相信投資的不二法門，是在價錢低廉的時候買入好公司的股票且長期持有，只要這些公司持續保持良好的業績，就不要把他們的股票賣出。

擁有 90 億美元的巴菲特，這輩子的財富全從股市賺來，他是哥倫比亞大學的企管碩士，父親是股票經紀人出身的國會議員。巴菲特在 11 歲就開始投資第一張股票，把他自己和姐姐的一點小錢都投入股市。剛開始一直賠錢，他的姐姐一直罵他，而他堅持要放著 3～4 年才會賺錢，結果，姐姐把股票賣掉，而他則繼續持有，最後證明了他的想法是正確的。

巴菲特 20 歲時，在哥倫比亞大學就讀，在那一段日子裡，跟他年紀相仿的年輕人都只會玩樂，或是閱讀一些休閒

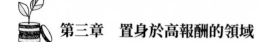

的書籍，但他卻全新鑽研金融學的書籍，並跑去翻閱各種保險業的統計資料。當時他的本金不夠又不喜歡借錢，所以買入的股票總是過早收手，轉而購入其他股票。儘管因為資金短缺不能收放自如，但是他的錢還是越賺越多。

1954 年，他如願以償到葛拉漢教授（Benjamin Graham）的顧問公司任職，2 年後，他向親戚朋友集資 10 萬美元，成立自己的顧問公司。在該公司資產增值 30 倍以後，1969年，他解散公司，退還合夥人的錢，把精力集中在自己的投資上。

他是美國有史以來真正的股市大亨，而且穩坐美國首富多年，美國其他的富豪，都靠經營企業致富，只有巴菲特是把錢投資在股票上，只要美國的經濟持續成長，他的財富就能與日俱增。

巴菲特從 11 歲就開始投資股票，今天他之所以能靠投資理財創造出巨大財富，完全是靠將近 60 年的歲月，慢慢在複利的作用下創造出來的。而且自小就開始培養嘗試錯誤的經驗，對他日後的投資功力有關鍵性的影響。

▌別把事業的焦點放錯地方

一般人最容易犯的錯誤是，在追求成功的過程中很容易把事業的焦點放錯地方。把一部分時間用於計劃或許有必

要，但絕對不是最重要的關鍵。很多人聲稱他們「沒有時間」打必須打的電話，與決策人說話，寫下報價、詢問交易，寫一章著作，為了升遷或市場行銷而努力，或者其他絕對必要的工作——然而，他們卻找得到時間去清理桌子，打一些社交性的電話，整理他們的電腦資料，規劃週末行程，瀏覽某些檔案，安排約會時間，以及從事其他不計其數與成功和表現沒什麼關係的事務。

或許，在特定的時間內，解決一個特定的問題，就是你事業上的「關鍵」；或許是開闢額外的現金流通，建立你跟同事之間的人際關係，完成一份報告，寫一篇演講稿，或討論一個技術性議題。其中一種解決方案的就是問自己一個問題：什麼才是最重要的事？通常，這個答案跟另一個問題的答案很不一樣：什麼是現在最合理或方便的事？我們通常不去思考行動之間真正的關係，就從一件事跳到另一件事。我們會先回應電子郵件、電話，或是處理桌上的事務，然後才做真正能改變現狀的事。

人們「健身」的各種方法十分有趣。有一群人捲起袖子就開始健身。他們換過一部又一部健身器材，做完一項又一項練習，直到完成他們的健身運動。在 30 分鐘內，他們已經去沖澡，並走出大門了。一般而言，這些人的體能狀況都十分理想，他們做了他們想做的事。

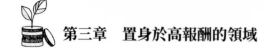

同樣的，也有這麼一群人，似乎從來不懂這一點。他們先做一大堆社交工作，花十幾分鐘換衣服，在體育館內走來走去瀏覽設備；有時候他們會讀讀報紙，或做蒸氣浴。他們每天來這家健身俱樂部，可是似乎從來沒有減輕任何體重。

如果我們不小心，在努力經營事業和賺錢的路途上，也有可能落入同樣的陷阱。我們看起來可能很忙碌，而且每天也都做了不少事，但是我們可能沒有做到可以改變現狀最重要的一、兩件事。事實上，很成功的人往往每天只工作幾個小時——可是，他們卻了解關鍵的概念。當你做了真正必要而重要的事，其餘的就會各自歸位。每天花一點時間重新評估事情的優先順序，確保你的時間都花在創造成功及財富的關鍵上，是很有必要的。

確定你的投資目標

每個人對財富有著自己不同的定義。一些安於現狀，不求大成的人，往往滿足於穩定的年收入，他們不想輕易跳槽；一些人卻為自己訂定一個明確的目標，並為此按部就班的忙碌著。如果你是一個立志成就大業者，這兩種類型你都不適合。

現在，你知道了人們為錢下的定義不盡相同。在閒暇時，也請你坐下來想一想你自己的「金錢夢」，釐清你的

「金錢夢」的具體含義。你可曾想過，如果有一大筆錢、你可以做什麼？想一想你的愛好和興趣所在，你想為自己或你的家人創造什麼樣的生活？把這些寫下來，以便仔細研究。把你的興趣列出，從中可以看出你的個性範疇；然後選出你最感興趣的事物，說說為什麼這個興趣對你而言最為重要，它能使你擁有什麼成就，你要怎麼去達到這個既定目標。這樣一來，你就能清楚知道金錢對你意味著什麼了。

為了達到你的目標，你必須努力工作，也許還得放棄或減少一些或大部分你喜歡的活動。如果你剛過20歲或30歲，為了達到你的目標，可能還要放棄許多樂趣 —— 如家庭的溫暖、兒女情長、天倫之樂、娛樂活動、週末度假等等。

如果你願意為了達到賺錢的目標而付出代價，那麼就能確定你賺錢目標的下一步行動。如果你猶豫不決，那就沒有必要採取下一步的行動，因為，如果不是心甘情願、矢志不渝為了賺錢而奮鬥，那麼你的每一步都會遇到障礙，導致白費功夫。一些富翁們承認，「財富有它不好的一面，一個人想得到金錢，就必須付出汗水。但是，一旦賺到了錢，金錢會使你感到甜蜜，你就會覺得自己並不是白費功夫。」

釐清了金錢對你的重要性，認知到可能要做出的個人犧牲，你就已經處於行動的起點了。這時，你就要選擇達到目標的途徑。也許你會說：「我不知道該怎麼達到目標；如果

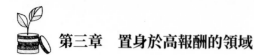

我知道，我早就賺到好多錢了！」其實，選擇賺錢的途徑並不困難，你可以回顧過去賺錢的成功經驗，列出這些成功的例子——從事銷售、教書、寫作、管理各種人等等，從中挑選出對你最有吸引力的一件事，並決定該怎樣利用它做為你賺錢的途徑，同樣，你也可以如前面所述，尋求致富指導人的幫助，最重要的是，確立你獲取財富的方法。有了明確的方向，你就可以胸有成竹的把技巧應用於創造財富的行動。因此，需要把方法和想法結合在一起，加上強大的動力作後盾，你就走上了實際賺錢的道路。

　　當你選擇了達到賺錢目標的途徑，想必對這條路徑已經有了一番思索、驗證或考察，你或你的致富指導人認為這種途徑切實可行。接下來，你需要去尋找、調查實現的機會。怎麼調查賺錢的機會呢？方法有很多。你可以與業內人士交流、請教，或者在有相關資訊的媒體上尋找答案，圖書館也能為你提供資料。你可以從中了解各行各業的收入情況、機會及發展前景。

　　在你尋找賺錢的機會，並抓住機會、朝著既定目標前進且賺到了預想中的財富後，你會感到幸福嗎？你能承擔更大的壓力和緊張狀態嗎？

　　假使你花了很大的力氣，在致富指導人的幫助下，努力朝著目標前進，結果卻並沒有達到你想要的效果，你會修改

這個目標嗎？你所花費的時間、精力和資金會使你無法修改目標嗎？換句話說，在涉及錢的問題上，你是靈活的嗎？

如果評估結果證明你的目標切實可行，就應該做好立即行動的準備。如果這項計畫不適合你，則應該毫不遲疑的修改、甚至重新選定目標。及時修改不可能實現的目標，雖然會花費你不少時間或是金錢，但它遠比固執的背道而馳好。

▌作好投資前的心理準備

在你決心要成為富翁時，一定擁有積極的心態，並且在致富指導人的指引下，一定是士氣高漲，只需在選定的投資領域潛心工作，成功一定會離你越來越近。雖然一切按你的意願在進行，但你也需要了解，自己在投資前要做什麼準備。

個人企業的生活與一般受僱者的生活有所不同。在個人企業中，你要保持頭腦靈活，並需要不斷生產賣得出去的東西，熟悉財務上的資金周轉，做到節省，並要與他人保持良好的關係。

如果你只是普通的公司員工，你大可在閒暇時間和同事聊聊天。而在個人企業中，你只能從事生產才會有收入，不生產就不會有收入。

如果你是個公司員工，薪水通常會受到保障。而在個人

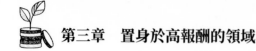

企業中，即使你已經開始賺錢，也不能確定什麼時候會有收入。你需要周轉資金，而且必須擁有存款以防不時之需。

　　想必你有過親身體會，在公司就職時，你可能曾經毫無節制的使用文具用品，而從沒考慮過它們是怎麼來的。在個人企業中，你將會懂得節省開支、注意小錢，小心使用各種設備，以防出現故障。一旦出現故障，你必須耐心等待維修人員修好。這時你會明白不當家不知柴米貴，因為現在是花你自己的錢。

　　在你只是個員工時，通常只需要按照老闆的安排去工作。而在個人企業中，你必須無時無刻進行新的計劃，絕不能有絲毫怠惰。

　　在你創立個人企業時，與受僱於人的時期做個比較，就會明白許多道理。這樣你就會知道，個人企業從創立開始就相當艱辛，你要努力工作，在尚未踏入這個領域之前，請先做好充分的心理準備，在個人企業裡，你要的是什麼樣的生活？

▶ **安全感**：無論是在開始創業、或是投資時，都是缺乏安全感的。有些人會因為缺乏準備、資金、精力以及對生意的敏感度而使企業以失敗告終。個人企業就像是賭博，其賭注大小因個人情況而有所不同，因此，在下注之前必須有所準備，尤其一開始時不要太過樂觀，這樣即使結果真的虧了，心理上也能承受。

- ▶ **地位**：如果你有一輛公司配車，人們總會把你看得比擁有一輛私人車的人更重要。而經營個人企業時，很少會有這樣的地位。

- ▶ **財富**：比起那些一輩子為他人工作的人，自己經營企業的成功者往往富有得多。為了有水準的生活，你必須不斷工作。任何有品質的生活，背後總是艱辛的勞動。

- ▶ **家庭**：自己做老闆，無論是在外還是在家賺錢，看起來都有更多的自由，也與家人更為接近。但實際上，你不可能真正與家人有更多的時間相處、交流，你必須比一般員工花更多時間經營你的企業。尤其在剛創立個人企業時，你會把大量的時間投入到工作中，以盡快創造財富。

- ▶ **休假**：在自己的企業，你的收入和你的付出直接相關。不去創造財富，財富就和你無緣。在你還是受僱者時，即使是假日，仍然會有薪水；而在自己的個人企業中卻沒有。一旦你創立自己的企業後，就會明白，你根本不會有休假的機會，你會盡心盡責的為自己的企業工作。

分析了上述幾種情況，我們便更能明白，個人企業最大的利益就是為自己工作。如果你成功了，只有自己和家人會獲利。幸運的話，你所努力的結果都將會有可喜的收穫，但是這些收穫都是有代價的。

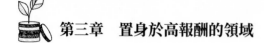

因此，在投資前要做好心理準備，要了解投資風險所在。的確，投資必定伴隨著風險。風險越高，獲利越大，風險低，獲利就小。這是投資的「鐵律」。進行投資，有必要了解各種風險，並將風險置於控制之下。

最安全的投資策略

成功的投資者總結多年的經驗說：最安全的投資策略是先投資，再等待機會。

許多人對於投資抱著得過且過的態度，總認為船到橋頭自然直，隨著年紀的增加，眼見別人的財富快速成長，終於警覺到投資的重要性，此時才開始投資，已經因為時間不夠，複利無法發揮功能。懂得投資又如何？為時已晚。

很多年輕人總認為投資是中年人或有錢人的事，到了老年再來擔心投資還不遲。在此要再次提醒讀者，投資能否致富，與金錢的多寡關聯性很小，而投資和時間長短的關聯性卻相當大。人到了中年、即將退休，手中有點閒錢，才想到要為自己退休後的經濟來源作準備，此時卻為時已晚，時間不夠長，無法使複利發揮作用。要讓小錢變大錢，至少需要20～30年以上的時間。10年的時間仍無法使小錢變大錢，可見理財只經過10年的時間是不夠的，非得要有更長的時間，才會有顯著的效果。

　　既然知道投資可以致富，需要投資在高報酬率的資產，並經過漫長時間的複利作用，那麼我們的對應之道，除了充實投資知識與技能外，更重要的就是即時的投資行動。投資活動應該越早開始越好，並培養持之以恆、長期等待的耐心。

　　現今大多數人不能致富的原因，是因為不知如何運用資金，才能達到以錢賺錢、以投資致富的目標。面對未來資本主導的時代，缺乏以錢賺錢的正確投資知識，不但會侵蝕人們致富的夢想，而且對企業的財務運作與社會整體的經濟繁榮也有所傷害。

　　不要再以未來價格走勢不明確為藉口延後你的投資計畫，又有誰能事前知道房地產與股票何時開始上漲呢？過去每次價格巨幅上漲，人們總是悔不當初。開始上漲前是不會有任何徵兆，也沒有人會敲鑼打鼓來通知你的。對於這種短期無法預測、長期具有高預期報酬率的投資，最安全的投資策略是：先投資後，再等待機會，而不是等待機會再投資。

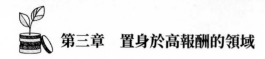

第三章　置身於高報酬的領域

第四章
制定周詳的致富計畫

　　只要你想得到一個方法來實行你的計畫、你的夢想，不論多麼宏大都可以美夢成真，你的計畫可以讓你變成百萬富翁。不論你的計畫如何制定都無所謂，重要的是要有一個計畫。學習有錢人思考的第四步是：在你置身於高報酬的領域後，迫切需要制定周詳的致富計畫，它的重要性就好比隱藏在深海中的潛水艇搭載的雷達一樣，必不可少。

　　你過去或現在的狀況並不重要，未來想要獲取成就才是最重要的，除非你對自己的未來有著強烈的理想，否則你無法做出什麼成就來。

　　每一個人都需要設定一個目標，擬定一份周詳的計畫。從某個角度而言，它是一種商業單位。你的才幹就是你的商品，你必須發展自己的特殊產品，以換取最高的價值。

　　在你計劃你的未來時，請不要害怕畫藍圖。現代人是用幻想的大小來衡量一個人的。一個人的成就多少會比他原先的理想要小一點，所以計劃你的未來時，眼光要遠大一點才好。

　　任何一項有意義的行動，若想達到預期的效果，周詳的計畫不可或缺。計畫往往是通往成功的階梯，計畫就像燈塔指引你前行，不致迷失方向，致富的道路上，周詳的計畫更是降妖斬魔的利劍，是通往成功的不二法門。

▌計畫是通往成功的階梯

　　計畫就像一張地圖。它能明確、清晰的告訴你身在何處，路在何方。它能幫助你擬定一個策略，如何從 A 點到達 B 點。例如，如果你的目標是增加 50% 的生產量或銷售量，你的計畫就是為了達成目標每天必須採取的步驟。例如，你計畫的其中一項可能是，每天打電話給 5 位新的潛在客戶，

而不只是回應現有的電話而已。計畫中的另一項則可能是在年底前報名 3 門新課程，增加你的知識基礎。要是沒有事先計劃好，你可能排不出時間去上任何課。

當你事先做好計畫，奇蹟就會出現，你的計畫會幫助你發揮潛力、創意和紀律。說來神祕，一旦有了計畫，你通常就可以貫徹到底。

你的計畫可以讓你變成百萬富翁，不論你的計畫如何制定都無所謂，重要的是要有一個計畫。如果你不知道自己的前進方向，是很難到達任何地方的。然而，非常多的人卻毫無計畫。他們不知道自己要到哪裡去，也不知道要怎麼到達那裡。當我們胸中毫無計畫時，要看起來很忙碌是十分容易的，但其實，我們只是在繞圈子，到處救火，或是追著自己的尾巴打轉。

一個想致富的人如果不懂得規劃就太糟了。上一代的人多半沒有什麼規畫，他們在成長過程中只要有份工作、能有收入就滿足了，因為他們發展的空間有限。而現在就大不同了，每個人都可以考慮自己的興趣和能力，以及 21 世紀的市場趨勢，好好做規畫。

具體可行的計畫應該與一個人最基本的生涯規畫相結合，而不能憑著美好的願望來制定。生涯規畫是由「生涯」和「規畫」兩個詞組成的。包含人一生的履歷、境遇、過程、職業、發展、成功等意義。依原字的意義看，生涯代表

一個人不只要在職業上出人頭地、有發展、能成功,更希望一生都是成功的。日本人將生涯譯為「永業」,就表示職業的長期性,希望職業是持續的。

成功者需要生涯規畫,主要目的是:配合自己的智力和潛力來發展,有效突破個人內在和外在的障礙,發揮更多潛能,更充分發展自我等。良好的生涯規畫有助於一個人更了解自己和工作,並設定目標和方向,對於減少上班族時間和精神的浪費有實際的幫助。

同樣的,完善的規畫對於能否致富至關重要,做一個無頭蒼蠅,往往只能四處碰壁,唯有完善、可行的計畫,才能引導你一步步通往成功。

幾年前,有位單親媽媽遇到了財務困難,有人給了她一個建議,她急需一個財務計畫。她並未在退休前預先存下半毛錢。她說,她一直在等待開始儲蓄的時機,可是每次到了月底,她的口袋裡總是一毛錢也不剩。她想到的計畫只花了5分鐘就完成,但這卻是她一生中最重要的5分鐘。她覺得要是不從現在就開始,可能永遠都無法開始,所以她要先感謝自己。她的「計畫」是存下1/10的收入,以備退休之用。照她的話說,這個計畫救了她一命。她堅信,一旦有了計畫,執行起來就容易多了。

胸有成竹,天地為界。你的計畫可能是成為百萬富翁,

跑馬拉松，每週多花一天陪孩子，或是開一家冰淇淋店。不論你的計畫是什麼都無所謂，重要的是，要有一個計畫。

周詳的計畫不應急功近利

好高騖遠、看不起低報酬是每一個想成功而又成功不了的人的通病，這種類型的人總希望能找到致富的捷徑，總希望一鳴驚人，一出手就能有驚天動地的結果產生。但以過去的經驗來看，絕大多數的有錢人，其巨大的財富都是由小錢經過漫長的時間逐步累積起來的，大部分的人一開始擁有的資金都很少，甚至微不足道。一個人想成功、想致富，首先就必須摒棄那種「一夜致富」的幼稚想法和觀念，這才是投資理財中正常、健康的心理狀態。

任何一個想成功的人都不可能急功近利。萬事起頭難，初期錢很難賺，等到成功之後財源滾滾，想不要都不行時，又不知道為什麼賺錢變得那麼容易了。每個人都渴望擁有輕鬆賺第二桶金的能耐，達到財源滾滾的境界，問題是要賺第二桶金之前，要先有第一桶金。但是，要怎樣才能賺到第一桶金呢？若你想利用投資理財累積賺到第一桶金的話，則需要「時間」，必須要經歷長時間的煎熬，熬得過賺第一桶金的艱難歲月，自然能夠享受賺第二桶金的輕鬆愉快。

時間是致富必須的條件，越求快，越不能達到目的。根

據觀察，一般投資者最容易犯的毛病是「半途而廢」。殊不知缺乏耐心與毅力，萬事是很難有所成就的。

因此說，成功需要周詳的計畫，周詳的計畫不應急功近利。

如果你仔細回想一下就會發現，欲望是創造一切的起點，欲望是這旅途中的第一站，然後由抽象到具體，進入想像力的工廠，在這個工廠裡創造並組織實現欲望的計畫。

下面是指引你制定可行計畫的方法：

1. 你必須把自己需要的人集結在一起，以創造和實現你累積財富的計畫。

2. 在找到你的「智囊團」或是致富指導人之前，你要決定對他們付出什麼，來換取他們的合作。沒有人會永遠為你工作而不需要報酬。聰明的人也絕不會要求或期待別人為他工作而不必給予足夠的報酬，雖然這報酬未必都要用金錢來支付。

3. 在你的安排中，至少每週要與你的「智囊團」或是致富指導人會面 2 次。可能的話，會面的次數可以增加，直到你完成累積財富的計畫。

4. 要和「智囊團」或是致富指導人保持完全和諧的關係。如果沒有這樣做，你就會面臨失敗。沒有完全的和諧關係，便不可能達成「智囊」的作用。

同時，你還要牢記這些事項：

▶ 你所進行的事對你而言極為重大，為了保證能成功，你必須制定完美的計畫。

▶ 你必須利用別人的經驗、知識、能力和想像力。這是幾乎所有累積巨大財富的人都需要的。

沒有人能夠擁有足夠的經驗、知識、天賦才能與想像力，因此也就無法在沒有與人合作的情況下累積起巨大的財富。當你致力於財富累積時，採用的每個計畫都應該是你和你的「智囊團」聯合創造的。你也許會想採用一部分或全部自己的計畫，但務必讓「智囊團」中的人審查並同意採用你的計畫。

制定計畫之後，應具體付諸於行動。

如果你想經營一個成功的企業，你要確定你想達到什麼目的。你要按照目標市場仔細考慮想提供的產品或服務，然後透過所有的部門——財務、研究和發展、管理、行銷、人事、設備部門等，來配合那個目標。你牢記目標的程度關係到你是否能建立一個成功的企業。大多數企業的失敗開始於最一開始的行動，諸如集資不足、對市場的錯誤認知或缺乏經營計畫等問題。

其實，生活中很多人都在不同程度上運用這個原則。比如在你去旅行之前，會決定目的地以及設計出最佳的路線；

在動手布置一個花園之前，會在腦海中先把它計劃出來，可能
會在紙上把它畫出來；在發表演講之前，會先把講稿記在紙上；
在整理庭院之前，會先設想美化的計畫；在動手穿針之前，會
先設計好要做的衣服。我們不經意間都在遵循這樣的準則，但
並沒有去深刻了解、很清晰的想清楚。在理解這兩種創造的原
則上、及接受這兩者的責任上，我們能做到什麼程度，將會決
定我們在影響力範圍內活動的程度、以及擴大其界線的程度。
我們如果在行動前無法遵照這個原則、並無法應用至第一次行
動，那麼，我們就在相應程度上削弱了它。

　　在你制定了要追求的目標、並為此找到必須實現的充分
理由後，實現目標的整個行動便已經展開，你的資源系統會
按照你的目標及理由，主動尋找能實現目標的各種資源。

▍遠大的目標能激發人的致富潛能

　　目標在致富學中同樣有著舉足輕重的地位，它更是周詳
計畫中不可或缺的。

目標能使我們工作更有價值

　　目標的大小決定了人們處事的方式。當人們覺得自己的
目標並不重要時，他們為達到目標所付出的努力就沒有什麼
價值。如果他們覺得自己的目標很重要，情況就會截然不

同。人們必須把目標建立在自己的理想上。如果一個人的各個目標組成了他所珍視的理想，那麼他就會覺得為之付出的努力是有價值的。

目標有助於我們安排輕重緩急

沒有這些目標，人們很容易陷進與理想無關的現實事務當中。一個人如果忘記最重要的事物，會成為瑣事的奴隸，美國哲學家威廉‧詹姆斯（William James）曾經說過：「智慧就是知道該忽視什麼的藝術。」

目標能激發我們的致富潛能

沒有遠大目標的人，即使擁有巨大的力量與潛能，但他們把精力放在小事上，而小事使他們忘記了自己本來應該做什麼。說得明白一點，要發揮潛力，你必須全神貫注於自己擁有優勢並且會有高報酬的事務。遠大的致富目標能幫助你集中精力。另外，當你不停在自己擁有優勢的方向上努力時，這些優勢會進一步發展。最終，在達到目標時，你自己成為什麼樣的人會比你得到什麼東西重要得多。

雖然目標指向將來，卻有利於我們掌握現在

當你做著將來的夢或者為過去而後悔時，你唯一擁有的現在卻從手中溜走了。因此，人應該在現實中透過努力實現自己的目標。

第四章　制定周詳的致富計畫

　　要實現任何理想，就要制定並且達成一連串的目標。每個重大目標的實現都是許多個小目標、小步驟實現的結果，所以如果你集中精力於當前手上的工作，心中明白你現在的種種努力都是為了實現將來的目標而鋪路，那麼你就能成功。

目標有助於我們與人溝通

　　目標是計畫中的重要一環，確定了目標，我們就能與人更有效的溝通。想一想你見過或聽說過的那些善於與人溝通的人吧！他們有一個共同特點，就是能把複雜的事情用簡單的語言清楚表達出來。換言之，他們的思想有條理、有重點。這樣一來，人們更能理解他們所說的話。制定目標也有著類似的作用。目標能使我們對將來的種種致富構想有條理。因為這些構想有條理、有重點，我們向別人講述時，就容易說得清楚，別人也容易理解，也更能幫助我們得到支持。

目標為我們提供了自我評估的方法

　　周詳的計畫包括自我評估，目標的制定正如同為我們提供了自我評估的手段。根據一項調查顯示，不成功者有個共同的問題，那就是他們極少評估自己取得的進展，更多的人根本不明白自我評估的重要性。

事實上，訂定目標就是一種自我評估的重要手段。如果你的目標是具體的，看得見、摸得著，你就可以根據自己與最終目標的距離來衡量目前取得的進步。

事前決斷和事後補救是成功人士和失敗者最大的不同，成功人士往往能在事前做出決斷，而失敗者通常都是事後補救的。成功人士提前謀劃，而不是等待別人的指示。他們不允許其他人操控他們的工作進度。不事前謀劃的人是不會有進展的。我們以《聖經》中的諾亞為例，他並沒有等到洪水到來才開始造他的方舟。

目標能幫助我們事前規劃。目標迫使我們把要完成的任務分解成可行的步驟。想製作一幅通向成功的地圖，你就要先有目標。正如 18 世紀發明家兼政治家富蘭克林在自傳中說的：「我總認為一個能力平平的人，如果有個好計畫，是會有大作為，為社會產生巨大貢獻的。」

制定完美的策略

正確的策略是商戰的靈魂，是取勝的獲利武器。策略的好壞在很大的程度上決定了你事業的成功與否，此「死生之地，存亡之道，不可不察」。根據可信數據表明，大約有一半的公司都是在成立後兩年左右倒閉，經研究發現，許多公司都是由於策略錯誤而失敗的。在你開創自己的事業時，一

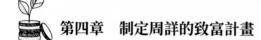

定要避免前人犯過的錯誤。

　　策略最具有隨機應變的特性，因此，我們很難找出放諸四海皆準的方法，但對於一個剛創立的公司而言，以下四個原則是普遍適用的：

著重於第一項產品

　　對一個人的好惡或是判斷其好壞，往往是看第一印象。對於一個公司而言，人們往往是透過它的第一個產品來建立第一印象的。如何打響第一炮是你應該傾盡全力完成的工作。在這一點上，蘋果公司的成功就是一個很好的例子。直到今天，業內人士仍對第一臺蘋果電腦津津樂道，它開創了蘋果系列產品的輝煌歷史。如果你的第一項產品失敗的話，就有可能失去發展的機會。所以，在你創業之初，一定要以第一項產品做為一面旗幟，用它占領你的一席陣地。

學會分散風險，發展多種產品

　　據一項調查統計表明，大多數兩年左右就轟然倒閉的公司都只有一兩種產品。因此，要避免自身發生這種現象，就要發展多種產品，當然，發展多種產品需要一定的策略，也要掌握適當的時機。當你開創自己的事業之後，一定要發展生存的能力 —— 因為你的事業只是個「嬰兒」，所以這一點才特別重要，一個成功的人應該對自己的現實生活「有掌

控力」，同樣的，一個成功的公司也要對自己的周遭環境有充分的適應性和主動性。但對於一個只有一種產品的公司而言，市場上的任何一點風吹草動都可能會成為致命的打擊；偏偏市場環境又是「樹欲靜而風不止」的，想要抵抗市場風雨，就要牢牢扎根，使樹長得強壯才行。因此，你在全力經營第一種產品的同時，要有後續的布署，並在適當的時機發展自己的第二、三種產品。

行銷策略是關鍵

　　產品的最終歸宿是在消費者一方，行銷策略是實現目標的關鍵，這一點必須牢記，否則，你將會前功盡棄。行銷對於新產品而言尤為重要，在這個過程中，關鍵是要定位你的獨特市場（特定群體的目標顧客），然後把我們多次提到的、你的產品的「獨特性」做為主要的理由來推銷自己的產品。唯有透過這種方法，你才有可能獲得成功。制定策略時，千萬要記住以「我」為主，以自己的優勢為主，防止被「敵人」牽著鼻子走。

　　行銷工作就好比是在創建「革命根據地」。你所尋找、開闢的目標市場應該要能成為以後發展的基礎。美國的工商管理教材中，多次提到過希維里模具公司的故事。該公司在創業 6 年中推出了 5 種新產品，但可惜的是，這 5 種產品的目標市場竟完全不同，所以該公司一直處於「遷徙」的動盪

不定之中，並且持續消耗高額的行銷資金。最後，希維里公司被另一家專門生產雷射製品檢驗模具的公司合併。

獨立的生存能力是謀求合作的基礎

在公司創建之初，以其他大公司或產品為依靠，不失為一條好路，正所謂「好風憑藉力，送我上青雲」。很多公司正是看透了「大樹底下好乘涼」而得以成功的。但在過渡期，這將成為一個很大的弱點。你要記住，風箏和鳥兒最大的不同，就是前者必須借助風力，而把自己的「生命線」寄託在別人手上，但後者卻可以憑藉自己的力量飛翔。因此，獨立的生存能力才是公司生存、發展的先決條件。

IBM 公司的成功就證明了這一點。IBM 在創業之初，花了很大的代價擊敗了競爭對手，一時獲利頗豐。但 IBM 的領導者們並未因此勝利而迷醉，他們以加倍的努力拓展自己的事業，尋找廣泛的業務關係。這是一項相當艱鉅的工作，但同時也是一項最明智的工作，其結果便是 IBM 現在舉世矚目的成就。

事實上，我們並不反對你尋找可以購買你大宗產品的顧客（相反的，如果你有這樣的機會，那實在是一種運氣，千萬不要放過）。但在過渡期，千萬警惕不要成為某個單一客戶的附屬，始終要記住，獨立的生存能力才是謀求合作的基礎。

▌白手創業的準備

　　成功的企業家就是貧窮者心目中的英雄，他們被人頂禮膜拜，受到社會廣泛關注。昔日他們創業的成功事蹟成為千百萬人今日的夢想。眾多企業家成功的傳記、分享經驗的文章，為人們描繪了一個燦爛的前程。

　　在美國，每一天都有超過 60 萬人開始創業，他們之中雖然有不少人心懷大志，有良好的背景、縝密的計畫，但卻屢遭失敗；有的人並沒有值得誇耀的資本，卻事業有成。總之，商海中，成功與失敗總是不斷伴隨著你，關鍵是你是否有充分的想法與實質準備。

　　當你義無反顧投身於商海的新事業，旁人看來，似乎頗具浪漫色彩；有的人正是為了追求商場中盈與虧、失敗與成功的刺激，並在刺激下不斷取得勝利。有的人甚至孤注一擲，辭職離開原工作，投入一生積蓄，大有不贏就不回來的氣概，卻往往對失敗考慮得太少，彷彿成功就在眼前，這種心理狀態是令人擔心的。

　　聰明的創業者在初涉商海時，通常都會做好兩種準備，孤注一擲，但留有退路。這是明智的。

　　如果有可能，你在創業開始時就應該先為自己打造一個比較安穩的保護區，認真思考一下每一筆生意的利益得失，並盡力降低風險。當然，這並不意味著投資報酬率也會跟著減少。

籌措資金的計畫

　　如何合理運用、調度已有的金錢，這是對一個經營者的才幹和智慧的考驗。然而，中國有句俗語：「巧婦難為無米之炊」，身為一名經營者，無論你有多強的經營能力，但如果沒有錢供你運用、支配，那麼，一切都是空中樓閣。所以，要想成為一名成功的經營者，應該學會籌措資金，唯有如此才能為將來的事業打下良好的基礎。

　　在目前的形勢下，大多數「下海」者都有一定的本錢，但是與那些已在商海中打滾多年的競爭對手一比，則相形見絀，顯得勢單力薄。如果不能透過各種途徑籌到足夠的資金，那麼市場經濟的必然產物——競爭，將會無情把你吞沒。那麼，究竟該如何籌措資金呢？

　　首先，我們來看看公司在創立之初應如何籌措資金。西方國家的公司法較為進步且完善，我們不妨借鑑一下他們的做法。

　　主要創辦人認購股份是公司最初的籌資方法。想要成立公司，必須要有創辦人或發起人，公司最初的資金來源就是從這些創辦人那裡獲得的。這些創辦人從個人財產中拿出一部分用來認購自己公司的股份，於是他就成了該公司的股東，公司也就有了自己最初的一部分股份。

　　有兩個問題需要注意：一是申請設立公司，必須滿足一

個最低資本額，不論是股份有限公司還是有限責任公司都要符合這個要求。

　　第二個應注意的問題，是公司的最低股份必須由公司創辦人或初始股東全部認購下來，即股東同意承擔法律責任以現金或實物買下公司的股份。認購股份本身並不等於一次付清股金，股金可以分期交付。首次交付的股金比例，各國公司法都有嚴格的規定。

　　創辦公司的合夥人認股，這就是創業籌措資金的方法。

▌給創業者的忠告

　　假如你找到了機會，那麼，接著要考慮的問題就是這項事業的前景如何。所謂的「男怕入錯行」，正是提醒人們在擇業時，要謹慎行事。

　　這個產業究竟有沒有發展性，當然要慎重判斷，但是有時某些領域卻非我們力所能及，這也是值得注意之處。

　　所以，與自己的能力範圍相差太多的事業，就不應該去考慮它，如果真的對這個產業有興趣，那就不妨選擇這個產業中規模較小的邊際產業著手。

　　那麼，究竟哪些事業適合發展呢？一般人選擇的對象，大多是在自己原先工作的範圍內尋找，其次是親朋好友推薦的事業。不管怎樣，每個人選擇的目標都是基於獲利性、時代性以

及將來性等,但可以說完全符合這個標準的事業並不多。

初次創業,更不能選擇一點把握都沒有的事業、或風險性較大的事業,最好還是先從自己能力範圍內的行業去發展較為穩當,不必考慮到 10 年後的事。

人如果能未卜先知的話,今天就沒有人會想努力工作了。就是因為對於未來有著一股宿命性的追求,人們才會不斷渴望獲取幸福。所以,經營事業既不必太過現實,也不能太過理想化。

一般而言,3 ～ 5 年內能夠成功的事業,都值得大家去嘗試,而大部分的事業在開始時,都是很艱苦的。從事任何事業,都要像工匠一樣,把磚一塊塊砌起來。致富是一個累積財富的過程。

任何事業都有它的生命週期,剛開始的時候,由於不了解這種特性,所以你往往會墜入五里霧中,但只要耐心經營,多少會累積一些經驗。每項事業都有它的經營法則,了解這種特性後,自然會建立起信心。要適應這個過程,大概需要幾年的時間。

現代社會的發展趨勢已經定型。你不妨儘早創立自己的企業,以便早日致富。而創立企業,首先就要進行選擇,這是成功的前提。

那麼,請記住以下忠告:

1. 先從自己工作的環境中尋找創業的機會。
2. 想要創立事業，必須要選擇有前景的產業，而且是自己力所能及的，這樣才有成功的希望。
3. 要創業，先進入一家理想的公司中學習經驗，才能少走彎路。

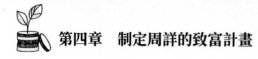

第四章　制定周詳的致富計畫

第五章
付諸實踐的行動

「任何結果之前都必須有行動，有幾分耕耘，就有幾分收穫。」這是一條切實的規則。很多人沒有想要得到結果，因此他們沒有採取任何導致結果的行動；很多人都有夢想，但只有少數人行動起來，讓夢想成為現實。同樣的，像富人一樣思考，當你有周詳的計畫時，接下來就是付諸實踐的行動……

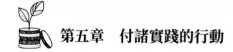
　　掌握現在的瞬間，把你想要完成的事物或理想，從現在開始做起，只有勇敢的人身上才會擁有才能、能力和魅力。因此，只要做下去就好，在做的過程當中，你的心態就會越來越成熟。只要有個開始，那麼，不久後你的工作就可以順利完成了。

　　許多人都有拖延的習慣。因為拖拖拉拉而趕不上火車、上班遲到，甚至更嚴重者，可能會錯過可以改變自己一生、使自己變得更好的良機。

　　所以，要記住：「現在」就是行動的時候。

　　做事的祕訣就是行動，唯有行動才能讓你擁有周詳的計畫、宏偉的藍圖，將美夢變成現實。

　　一個想要成功的人，只要尚存一絲氣息，在說過「現在就去做」之後，就務必要身體力行。無論何時，都必須行動起來。當「現在就去做」的象徵從你的潛意識浮現到意識中時，你就要立刻行動。行動遠勝於創意。

▌行動遠勝於創意

　　創意再好，如果不付諸實際行動，它永遠只是創意，將創意變成輝煌成功的唯一辦法就是立即行動，並持續堅持行動。拿破崙・希爾說：「如果有了好的創意，那麼現在就去做！」

　　高明的創意是成功的先導者，可行的創意是取得成功的先決條件。

　　但是，光有創意還不夠，還必須立即行動，去實現這個創意。高明的創意也只在實施後才有價值。

　　生活中，許多人在一個構想裡反覆思考，就是不付諸行動，這樣一直到別人在同樣的領域裡取得了輝煌成就，自己還沒有開始行動。

　　天下最悲哀的一句話莫過於說：「如果我當時開始行動，早就發財啦！」或「我早就料到了，好後悔當時沒有做！」一個好創意如果胎死腹中，真的會叫人嘆息不已，永遠不能忘懷。如果真的徹底實行，當然也會帶來無限的滿足。

　　真正能掌握機會的人往往能將幻想、觀念及方法付諸實踐。許多人擅長思考、分析和發掘機會，但是卻很少付諸行動，這樣的人，永遠和成功距離一步之遙。

　　當然，迅速的行動並不是要你凡事莽撞，那是非常危險的。唯有在你認為可行的情況下，才需要迅速出擊，而不能因害怕失敗而裹足不前。

　　能否成就一生事業，不是看我們知道什麼，而是看我們知道後是否能及時去做。

　　白手起家的人從不害怕失敗，他們在行動中一步步走向成功，而很大一部分稍有資金的人卻害怕破產，不敢承擔風

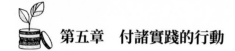

險，只能將錢存入銀行。他們總是為自己找各種藉口，不是錢不夠、沒有時間，就是知識不夠、沒有機會，甚至怪罪自己的年紀太老或太小。這些藉口其實都不是理由，它只會使你一輩子都無法致富。不用錢賺錢，一輩子就得依賴自己的體力、勞力與技術謀生。

如果你還稍有熱情，想改變自己的生活狀態，看了這樣的事例，你還有藉口、還有理由為自己開脫嗎？趕緊行動吧！

從現在開始行動，你才有可能一步步走向成功。未來的財富操縱在你自己手中，切記！是你的行動，而不是你的知識主宰著你的未來。

拖延就是在揮霍生命

相信大部分人都有過這樣一種經歷：清晨，鬧鐘把你從睡夢中驚醒，想著自己所訂的計畫，同時卻感受著被窩裡的溫暖，一邊不斷對自己說：該起床了，一邊又不斷為自己找藉口 —— 再等一會兒。於是，在忐忑不安之中，又躺了 5 分鐘，甚至 10 分鐘。

拖延對那些胸無大志的人來說，無時無刻不存在。很多情況下，拖延是因為人的惰性在作怪，每當自己要付出心力時，或要作出抉擇時，他們總會為自己找出一些藉口、安

慰，總想讓自己輕鬆一點、舒服一點。相反的，立志成就一番事業的人卻能在瞬間果斷戰勝惰性，積極主動面對挑戰。其實拖延就是縱容惰性，也就是給了惰性機會，如果形成習慣，它會很容易消磨人的意志，使你對自己越來越失去信心，懷疑自己的毅力，懷疑自己的目標，甚至會使自己的性格變得猶豫不決，養成一種辦事拖拉的作風。

前怕狼，後怕虎，瞻前顧後，猶豫不決也是造成拖延的原因。比如，某一方案在會議上已經通過，經理卻還在考慮，萬一員工有意見怎麼辦？萬一上司有看法怎麼辦？非得再拖一時半刻才去實施。諸如此類的事情，每一天都在我們的身邊發生。

為人做事謹慎、細膩無可厚非，甚至非常有必要，但要是謹慎過了頭，就會變得優柔寡斷，做事縛手縛腳，更何況，像早上起床這類的事是沒必要作任何考慮的，所以，我們要想盡一切辦法不去拖延。最好的辦法是逼迫法，也就是在知道自己要做一件事的同時，立即動手，絕不為自己留一秒鐘的思考餘地，千萬不能讓自己作出和惰性對抗的架勢，對付惰性最好的辦法就是根本不讓惰性出現。

人生若想成功，就要一點一點打下基礎。先為自己設定實際可行的目標，確實達成之後，再轉向難度較高的目標，動手去做！

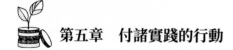

　　一次次朝著既定目標堅忍不拔的前進，即使大多數成果不是很完美，但我們能從中汲取教訓，獲得經驗，如此一來終會成功。

　　想要成功的人絕不會等待，他們深知等待是對生命的一種浪費。上天總是把機會送給堅持不懈的人，聰明的人一定要吸取龜兔賽跑的教訓！

　　想與致富者一樣成就事業，就要像他們一樣想到就去做，絕不找藉口拖延；因為拖延只會讓事情沒有結果。

　　「明日復明日，明日何其多，我生待明日，萬事成蹉跎。」寄希望於明天的人，將一事無成。今天你把事情推到明天，明天你就會把事情推到後天，一而再，再而三，事情永遠沒完沒了。只有那些懂得如何利用「今天」的人，才會在「今天」創造成功事業的基石，孕育明天的希望。

　　拖延，就會讓一個人把所有的事情留到日後處理，日積月累，就成了一種阻礙進步的惡習，你就愈發覺得生活有無形的壓力。對某些人而言，拖延是一種心病，它使人生充滿了挫折、不滿與失落感。如果你已深受拖延之害，卻又認為沒什麼大不了，並且以為自己隨時都可以改掉這個惡習的話，那麼你不會需要這本書：不過，如果你對於自己總是在最後一分鐘才完成工作而深感其苦，所以想學習一些有用的技巧來減輕這種焦慮的生活模式的話，就繼續讀下去吧！

喜歡拖延的人總是有太多的藉口，他們從來不會想到自己的拖延能帶來什麼危害；相反，他們將導致拖延的原因強加給別人或是某些事物，使自己可以繼續心安理得的拖延下去。

為了克服拖延的惡習，請立刻開始工作，雖然無法保證你不會被批評，不過，如果你什麼都不做，失敗是一定無法避免的。假如你的最佳表現也不夠好，那麼，就從錯誤中學習吧！同時，也要從你做「對」的事情中學習。成功的人都曾犯錯，但是，即使是那些非常努力卻只獲得短暫成功的人，也比那些心懷恐懼、永遠沒有盡力完成任何事的人來得充實、愉快多了！

不要把今天的事情留給明天，因為明天是永遠不會來臨的。現在就去行動吧！即使你的行動可能會失敗，但是行動後失敗總比坐以待斃好。行動也許不會給出快樂的果實，但是如果沒有行動，所有的果實都無法收穫。

現在就付諸行動！

▌將願望變為行動

如果你不想致富，想必也不會打開這本書，現實中，每一個人都夢想著自己有一天能成為富翁，可是由於種種原因，他們大多採取「君子」的做法：「動口不動手」。結果當然一事無成。

　　事實上，只有那些腳踏實地、崇尚實踐的人才能夠如願以償。

　　願望是大家共有的，為什麼有的人能夠「夢想成真」，而有的人則只能「一枕黃粱」呢？

　　事實上，願望是累積財富的前提之一，但它並無法直接帶來財富。唯有將願望變成一種堅定的信念，然後籌劃穩妥的路線和方法，並以堅韌不拔的精神實現這些計畫，才會為你帶來財富。

　　按照希爾的觀點，要致富，必須先要有堅定的信念和明確的目標。

　　然後，你再按步驟行事。

　　拿破崙·希爾在其著作《思考致富》一書中提出了將願望變為財富的六個步驟：

1. 在你的心裡，必須決定你期望賺到的金額，只說「我想要很多錢」是不夠的，必須決定實際的數字。

2. 確確實實決定，你要以什麼來換取你所需要的錢，世界上沒有不付出代價就能獲取的東西。

3. 訂定一個日期，一定要在這日期之前把你所期望的錢賺到手。

4. 擬定一個實現目標的計畫，立刻著手進行，不論你是否準備妥當，一定要把這個計畫付諸行動。

5. 把你想獲得的金額數目列一張簡明的清單，附上賺到手的期限，以及賺到這些錢所需要的條件，把你賺到這些錢的方法敘述清楚。

6. 每天早、晚各一次大聲朗讀你的計畫內容；當你朗誦時，你必須看到、感覺到，並相信你自己一定能實現目標。

將願望有步驟的付諸行動，那麼你就能獲得成功。

身為日本著名的機器人廠商，發那科公司在世界上享有很高的聲譽。它生產的數值控制器和機器人也是貨真價實的世界名牌產品，在日本國內占有 75% 的市場占有率，在世界市場上，也占了將近一半的比例。西元 1994 年，發那科公司產品銷售總額為 106 億日元，總資產超過 4,700 億日元。這是年逾古稀的稻葉清右衛門畢生奮鬥的碩果。

發那科公司是富士通的分公司之一，稻葉清右衛門雖然身分上只是公司的專務董事，實際上卻是最高負責人。歐美國家的企業家們都稱稻葉清右衛門為「日本的拿破崙」，有不屈不撓的精神、「沒有辦不到的事情」。稻葉自己也承認，他無論做什麼事情，不達到目的絕不罷休。在近 40 年的工作生涯中，稻葉清右衛門從技術開發者到企業經營者，始終堅持一個信條：沒有獨特性的產品，無法成為最好的商品。

1946 年，稻葉清右衛門畢業於東京大學工學部兵器製造學科，進入富士通信機製造株式會社（即現在的富士通公

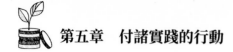

司）。1950 年代初，美國 IBM 公司開始發展電腦技術；1952年，美國麻省理工學院成功研製世界第一臺數控機床。富士通信機製造株式會社敏感的預見這些新技術的廣闊發展前景，立刻成立了一個控制技術對策小組，研究開發的專案就是數控機床。稻葉清右衛門是這個對策小組的負責人。

經過 26 年的不懈努力，1972 年，他成功製造出使用電腦控制的數控機床。同年，富士通公司董事會決定將稻葉主導的數控機床部從公司分離出去，成立「富士通發那科公司」。稻葉從此成了數控專家兼高技術企業的經營者。他的經營方針是，「立足本地區，眼觀日本島，胸懷全世界。」

他認為想要征服世界市場，必須先征服日本國內市場、乃至本地市場。如果把世界市場比作戰場的話，那麼日本便是這個戰場中的激戰區，而本地則是戰役突破口。

稻葉的經營方針，其實與希爾的目標分解原則相呼應，他的成功有著理論依據。

化整為零，各個擊破

清楚表述未來的夢想及整體商務目標之後（這會幫助你掌握方向），就可以著手制定長期和短期的目標了。目標可以用業績表示（如推銷 100 件某個產品），也可以用時間表示（如資金每月週轉 2 次）。目標可以涉及商務的各個領

域，視你想取得什麼成就而定。以下舉幾個你可能會想制定
目標的方向：

▶ 營業額每月超過 40 萬元；

▶ 利潤每月 4 萬元；

▶ 年內再開 2 個分店；

▶ 3 年內將業務拓展至數個主要城市；

想到什麼目標，就先寫下來。一開始不必判斷這些目標
是否能實現，也不用管它們是長期還是短期的。這個階段重
要的是有創意，有夢想。

把能想到的都寫下來之後，對照你的整體目標檢查一
下。問自己兩個問題：

1. 這個目標是否能使我向理想邁進一步？如果你發現這
   些目標之中有一部分與你的整體目標及將來的理想不相
   符，你有兩種選擇：①把它刪掉、忘掉；②重新評估你
   的整體目標，考慮改寫。兩者必須擇一。如果你沒有制
   定與理想相符的目標，就不可能實現自己的理想，成為
   成功人士。

2. 你已經記下實現理想必須達到的二至五個目標了嗎？這
   個問題能幫助你釐清定下的目標是否寫得夠完整了。如
   果你發現你的理想需要你達成另外幾個目標，就把這幾

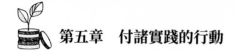
個也寫下來。把目標都記下來之後，你就可以著手制定成功的策略了。

把你的目標想像成一個金字塔，塔頂是你的整體目標。你訂定的每一個目標和為了達到目標而做的每一件事都必須指向你的終極目標。

金字塔由五層組成。最上面的一層最小，是核心。這一層包含你的人生總體目標。下面每一層是為了實現上一層的大目標需要達到的小目標。這五層可以大致表述如下：

▶ **總體目標**：這包含你整體商業活動中要達到的若干具體目標。如果你能達到或接近這些目標，你就已經盡了全力實現你自己定下的終極目標了。

▶ **長期目標**：這些是你制定的、為了實現總體目標而要達到的目標。一般來說，這些是你計劃用 10 年的時間做到的事情。雖然你可以規劃 10 年以上的事情，但這樣分配時間並不明智。目標越遙遠，就越不具體，就越可能產生變數。但制定長期目標是重要的。沒有長期目標，你就可能會有短期的挫敗感。

▶ **中期目標**：這些是你為了達到長期目標而定的目標。一般來說，這些是你計劃在 5 ～ 10 年內做的事情。

▶ **短期目標**：這些是你為了達到中期目標而定的目標。實現短期目標的時間為 1 ～ 5 年。

▶ **日常規畫**：這是你為達到短期目標而訂定的每日、每週及每月事項。這些事項由你自己分配時間的方式而定。

用行動引發行動

如果你仔細觀察，會發現沒有任何一件事情是可以憑空開始行動的，拿破崙‧希爾也認為，每一個行動前總會有另一個行動。

比如說，家裡的空調只在你選擇了溫度後，才能依照你的要求工作。在換了檔之後，你的汽車才會全自動變速。這個原理同樣也適用於我們的心理活動，要先使心境平靜安詳，才能順利思考，發揮作用。

有一個推銷公司的經理向拿破崙‧希爾解釋，他訓練推銷員用自動反應的方式工作，結果獲得很大的成果。

「每一個推銷員都知道，挨家挨戶推銷時心理壓力很大。」他說：「早上進行的第一次拜訪更是困難，即使資深推銷員也有這種困擾。」推銷員知道每天多少都會遇到一點難堪，但是仍舊有機會爭取到不少生意。所以，他們會認為早上晚一點出去推銷沒有什麼關係。他可以多喝幾杯咖啡，在客戶家附近多徘徊一下、或做點其他事，來拖延對客戶的第一次拜訪。

「而我用自動反應的方式訓練新人。我對他們解釋，開

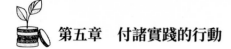

始推銷工作的唯一方法就是立刻開始推銷。不要猶豫不決，不要顧東顧西，不要拖拖拉拉。應該這麼做：把汽車停好，拿著你的樣品箱直接走到客戶門口按門鈴，微笑著對客戶說『早安』，並開始推銷。這些都必須像條件反射一樣自動進行，根本用不著多想。這樣你的工作很快就可以活絡起來。在第二次或第三次拜訪時，就可以駕輕就熟，你的業績也會變得很好。」

有一個幽默大師曾說：「每天最大的困難是離開溫暖的被窩走到冰冷的房間。」他說得沒錯，當你躺在床上認為起床是件不愉快的事時，它就真的變成一件困難的事了。即使是把棉被掀開，同時把腳伸到地上的自動反應，這麼簡單的起床動作也可以擊退你的恐懼。

那些大有作為者絕不會等到精神好時才去做事，他們通常是推動自己的精神去做事。

練習下面兩件事：

1. 用自動反應去完成很簡單卻很煩人的雜務。不要想它煩人的一面，什麼不想就直接投入，一眨眼就完成了。
   今天就開始練習，先找一件你最討厭的工作，在還沒想到它的討厭之前就趕快做，這是處理雜務最有效的方法。
2. 把這種方法應用到「設計新構想」、「擬定新計畫」、「解決新問題」，以至所有需要仔細推敲的工作上。不能

等你的精神來推動你去做，要推動你的精神去做。

專注將你的想法寫到紙上，拋棄一切雜念，這個想法就不僅僅存在於紙上，同樣會深深烙印在你心裡。如果把相關的想法同時寫出來，就可以記得更久、記得更正確，這是許多實驗已經證實的結論。

習慣一旦養成，即使你身處鬧市，也不會受到干擾。當你思考時，應該盡量寫下來，你的靈感就會立刻湧現，這實在是個好辦法。

「用行動引發行動」對於每一個致富者都有很好的啟迪作用。

機會在行動中出現

在行動中尋找致富的機會，是每個致富者應該牢記的。拿破崙·希爾曾說：「機會在行動中出現，行動才會帶來致富的良機。」空等到白頭，仍然是窮人。岳飛也曾說：「莫等閒，白了少年頭，空悲切。」可見，只有那些善於行動的致富者才能牢牢掌握商戰主動權。

吳舜文是臺灣裕隆集團的創始人和掌門人。她先是經營紡織業，到西元 1981 年，總值為 1.15 億美元，營業收入 4,000 萬美元，折合新臺幣約 40 億元，成了臺灣最大規模的棉紡廠。至 1986 年，已擁有 21 萬枚紗錠，2,000 臺織布機，

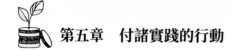

6,800 名員工，資本總額已高達 80 多億元新臺幣，產品 99%出口，包括纖維、紗線、本色布和成衣。1980 年代中期，旗下的台元紡織投資 10 億元新臺幣，興建了一所整合染、整、織作業的牛仔布生產線工廠，月產各種牛仔布 200 萬碼。吳舜文經營紡織業，展現了她的經營天賦。

1979 年，吳舜文又開始經營汽車製造業，擔任了裕隆汽車公司的總裁。她上任後立即點燃了一把「旺火」，每年投資 2 億元新臺幣在桃園成立了「裕隆汽車工程中心」，於1981 年 8 月 11 日正式開業，目標是「做出臺灣人設計的第一部汽車」。當時的人不相信她能經營好汽車製造企業，更有人譏笑這個「工程中心」是個「不可能的夢」。她不理會冷嘲熱諷，在辦公大樓的走廊上懸掛一幅標語：「和西洋人、東洋人相比，我們起步得晚，人力、財力也不如；要是不比他們勤奮、效率更高，那就永無翻身之日。」她又在會議室裡掛上兩個畫框，一幅貼滿世界各國名牌汽車照片，另一幅是幾個橫排黑字：「我們在哪裡？」以此表達不服輸的精神。就在吳舜文接棒的當年，汽車產量高達 57,400 輛，營業額從新臺幣 3 億多元躍升至 160 億元。1983 年的營業額達新臺幣162 億元，高居臺灣最大民營企業的第四名，更執臺灣汽車業之牛耳。

吳舜文的成功經驗，就在於從行動中尋求生存與發展。

行動才能找到更好、更大的商機，才能取得更大的成就。

▌膽識、主動、勤奮結碩果

人生猶如海上的一葉小舟，沉浮升降，誰也免不了。但像香港富豪楊受成那樣在事業上經歷數次大起大落的著實不多。他的半生遭遇隨著香港的地產起伏升降，從一無所有，到躋身超級富豪，到突然身陷囹圄，幾乎破產，其後又一個「大翻身」，再榮登超級富豪之列，他能衝破重重困難東山再起，這其中蜿蜒曲折的內容、起伏跌宕的情節，的確可以構成一個個美妙的傳奇故事。楊受成無論是一開始的白手創業，還是後來的東山再起，都是主動加勤奮的結果。

楊受成從小就對做生意興趣濃厚，經常鑽研賺錢之道。

1950 年代初，楊父在香港做鐘錶批發生意。他把鐘錶賣給水貨客，帶到日本銷售，生意剛剛有點起色，卻被老闆騙去錢財，幾乎落到傾家蕩產的地步。債主每日臨門，辱罵楊父沒信用，借錢不還，那種情形，使楊受成感觸特深。小小年紀的楊受成每天都在思索，怎樣才能幫助父親賺大錢，以擺脫窘境。

到了 14、15 歲，他就利用下午半天的時間幫父親的忙。由於他絞盡腦汁尋找賺錢之道，學業成績急遽下滑，每次考試都倒數第一，甚至連畢業證書都沒有拿到。

他雖然不是讀書的料，但在賺錢方面，頭腦卻靈活得多。那時楊父在九龍窩打老道及彌敦道的交界開了個天文台

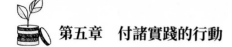

錶行。楊受成摸索出一個規律：遊客的消費力最強，與遊客做買賣，利潤最高。他大膽設想，與其在店裡守株待兔似的做買賣，不如走出去尋找顧客。於是，他開始到碼頭招攬一些澳洲遊客返回天文台錶行買錶。

首次主動出擊尋找遊客就獲得了成功，激起他更大的勇氣。他又到機場設法和一些導遊取得聯繫，爭取優惠，又給予介紹客源的飯店司機、裁縫師傅回扣，這些辦法個個奏效，更多的遊客找上門來購買商品，營業額直線上升。

順遂的事業，激起他更大、更強烈的欲望，也給予他新的啟發，他乾脆跑到日本和當地旅行社取得聯繫，請他們安排讓遊客到鐘錶店購物的行程，此舉又獲得成功。主動找客人的這個決策之所以成功，包含了楊受成的聰明才智、包含了他的勤奮努力，也包含了他面對人生英勇拚搏的精神，主動找客人，使小小的楊家鐘錶店賺到了第一桶金。

機會總是偏袒那些敢闖敢拚的人。1960 年代，香港大多數錶店對歐米茄、勞力士等名牌錶的經銷權只有觀望的分。楊家錶店財小力微，更是連邊都碰不著。楊受成卻不信邪，他以初生之犢不畏虎的氣勢，找上歐米茄香港地區代理商、安天時洋行的瑞士籍猶太裔老闆，懇求老闆給他歐米茄錶的經銷權。猶太商人看著眼前這個 20 多歲的小夥子一副野心勃勃的架勢，實在不忍心給他的滿腔熱情潑一盆冷水，於是就

婉轉告訴他，要取得歐米茄表的經銷權絕無可能，但將來也許可以考慮給他歐米茄副廠天梭表的經銷權。

這本是猶太商人的一句搪塞話，楊受成卻信以為真。他一個月總會抽出幾天去拜訪猶太商人，探問天梭表的代理權何時可實行。正所謂精誠所至，金石為開，猶太商人被他的誠意感動，終於同意了他的請求。

爭取到天梭表的經銷權，成為楊受成一生事業的轉捩點。由於楊家鐘錶店具有廣泛的客源，每月銷量十分可觀，讓猶太商人留下了很好的印象。那時，勞力士與歐米茄表在市場上競爭非常激烈，他打鐵趁熱，再一次主動出擊，爭取歐米茄表的經銷權。

他向猶太商人建議，由他開一間鐘錶珠寶專賣店，專賣歐米茄表。猶太商人被這個有膽識、能力超群的年輕人一番言辭所打動，答應如果他能找到店面位址，一定予以考慮。楊受成是個雷厲風行、說做就做的人，他在父親的擔保下，向銀行借了二十萬元港幣，在天文台錶行的對面，開設了歐米茄表的專賣店。剛剛開始獨自創業，就獲得了歐米茄表的經銷權，這是多麼大的派頭！錶業同行都向他投來羨慕的眼光，由於他客源廣又經營得法，信譽隨著財富的增加而不斷增強。

1969 年，他又輕而易舉取得了勞力士副廠帝舵表的經銷

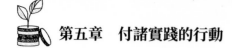

權。由於每月銷售量看好，1970 年又順利取得了勞力士的經銷權，從此奠定了楊受成在鐘錶業穩執牛耳的地位。

1973 年 2 月，楊受成把英皇鐘錶、珠寶及若干物業，以好世界集團的名義投資上市。31 歲的楊受成任董事總經理。獲得資金的支持後，楊受成更加如虎添翼，他積極向不動產業進軍，又進一步擴大鐘錶珠寶業務。

1976 ～ 1977 年，楊受成進軍證券，並大量購置物業，正是呼風喚雨的時期。那時，好世界集團擁有 25 個建築工地，在大嶼山也有數百萬平方公尺的土地，準備興建大型度假村。正當他事業如日中天之時，卻沒想到飛來一場橫禍，在騎師告東尼（Tony Cruz）被控毆打韋建邦一案中，因妨礙司法公正，被判入獄。

也許是命中該有一劫，他出獄時，正趕上香港地產危機，地產價格一落千丈，導致好世界欠債高達港幣 3.2 億元。真是禍不單行，在此雙重打擊下，楊受成破產了。千辛萬苦購置的物業改為他姓，苦苦積攢的資產也付之東流。他的產業由滙豐接管。所幸楊受成雖經此沉重打擊，他的精神卻沒有被擊垮。滙豐欽佩他的才幹，以港幣聘用他，讓他繼續經營英皇鐘錶，所得利潤用以還債。

1984 年，楊受成說服滙豐再借 1,000 萬元，開設「寶石城」，零售及製造首飾以吸引遊客。楊受成重操舊業，再一

次奔走於碼頭、旅行社等地，建立起拉攏遊客的人際網。憑著楊受成的口才和毅力，可以說世上沒有辦不到的事。短短1年裡，「寶石城」就穩執日本遊客珠寶零售市場的牛耳，只花3年，楊受成就還清了債，買回了資產控制權。

楊受成取回事業控制權後，又大量購入股票及物業，多次炒股均得手。1989年，他又購入金門大廈一樓及地下室，半年內即獲利7,000萬元港幣。從此之後，他的事業再次飛騰。

如今，他已重新躋身於超級富豪之列。他的兩次發跡，都得力於主動出擊，他的經歷向人們證實：勤奮才是創業之本。

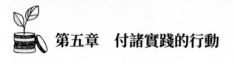

第五章　付諸實踐的行動

第六章
制定合理的理財方式

　　賺錢固然重要，但理財更重要。正確的理財觀及有智慧的投資選擇，比起你現有的財富或未來的收入，更能影響你未來的財富狀況。因此，在你制定好周詳的致富計畫並開始實施後，接下來制定恰當的理財方式，必不可或缺……

　　思想改變行動，行動改變習慣，習慣改變性格，性格改變命運。

　　試想，兩位同學畢業後，一起到同一家公司上班，擔任類似的職位、領取相同的薪水，兩人省錢的功力也差不多，因此每年都能存下差不多的錢用於投資。不同的是兩人的理財方式，其中一位將每年存下來的錢都存在銀行，另一位將每年存下來的錢分散投資於股票，兩人共同的特色是都不太去管錢，錢放到銀行或股市裡，就不去管它們。

　　40 年後，投資股票的那一位成為了億萬富翁；投資銀行存款的那一位則成為了百萬富翁。億萬財富在當今的社會中，可以稱得上是富翁，但是現在只要提到百萬富翁，就會引起笑聲。原因是現代的百萬富翁已成為無殼蝸牛的代名詞，一百萬的財富現在可稱得上是貧窮人家。

　　那一位所謂百萬富翁的貧窮人，眼見舊時的同學兼同事，40 年來薪水收入、節儉程度都與他相同，最後竟然能成為億萬富翁；反觀自己，在同樣的條件下，賺相同的錢、省相同的錢，最後卻連一間房子都買不起，直接的想法便是：「他一定是貪汙！」或「他一定是中了什麼獎！」，否則一樣賺錢、一樣省錢，最後的財富怎麼可能差那麼多呢？差別大到一個變成富翁，一個變成窮人。

　　通常，貧窮的人看待致富的人，較負面的想法是將富人

致富的原因歸結於運氣好，或者是從事不正當、違法的行業；而較正面的看法是將富人致富的原因，歸結於富人比一般人更努力、或是認為他們克勤克儉。但這些人萬萬沒想到，真正造成他們財富差異的，是他們的投資領域。因為窮人與富人的投資領域不同，富人多數的財產是以房地產、股票的方式存放，窮人多數的財產則是存放在銀行。

有人一定會問：「你叫我們不要將錢存在銀行，難道我們平時到超市去買東西或在餐廳用餐時，要用股票或房地產權來付帳？」當然不是！勸各位錢不要存銀行，並不是要你連一毛錢也不存進銀行。銀行存款有其優點，除了安全外，最大的特點就是「方便」，可以隨時提領，是我們存放日常生活所需流動資金的好地方。然而魚與熊掌不可兼得，提供方便性就無法提供高報酬率。

明智之舉是將自己的資金明確區分為日常生活資金與投資資金，日常生活所需的資金存在銀行裡，享受銀行提供的安全性與便利性；而投資的資金盡量不要存在銀行，必須投資於長期報酬率較高的股票、房地產等投資領域上。

依我們的看法，一個人或一個家庭存在銀行的金額，維持在兩個月的生活所需就足夠了。一般人或家庭每個月大多有薪水或其他收入，會定期存入銀行帳戶，因此，保留一個月的生活費做為生活之用，再加上一個月的生活費做為安全

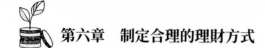

存量，這些銀行存款用來支應生活所需，應是綽綽有餘。其餘的錢應投資於報酬率較高的股票或房地產。換言之，如果你或你的家庭一個月的生活費平均是 2 萬元，而你的銀行存款經常超過 5 萬元，你便沒有實行這個致富的原則。一般人總是存錢到銀行而很少尋找適當的投資目標，讓過多的資金沒有發揮賺錢的功能。

▌正確理財是致富的主要來源

古有明訓：「大富由天，小富由儉」。致富之道在於能夠嚴守勤儉的原則，並且要懂得開源節流。長輩總是訓示我們，要勤儉持家。因此目前大部分亞洲家庭的理財觀，仍強調克勤克儉，總認為開源節流是創造財富的不二法門。然而，在此我們要傳達一個重要的資訊：開源節流固然重要，但理財更重要。

設想一下，如果你要賺到 1 億元，仔細想想，在 1 億多的財富之中，究竟有多少錢是由勤儉、開源節流而來？答案是你一年存 1.4 萬元，40 年共投入 56 萬。56 萬約占 1 億的 5%，而 95% 的財富都是經由投資理財而來，也就是用錢賺錢的方式而來，以每年 20% 的報酬率，經過 40 年利上滾利賺來的。請問開源節流重要還是投資理財重要？毫無疑問，投資理財才是致富的主要來源。因此一生能累積多少錢，不

是取決於你賺了多少錢，而是你如何理財。

如果一位上班族到年老時，發現自己的財富大多是一生刻苦耐勞、省吃儉用所賺來、省來的，那麼幾乎可以肯定，他一定不會很有錢。利用理財累積財富之道，不在於「開源節流」的能力，而在於是否能充分發揮「以錢賺錢的複利力」。對多數人而言，要改善財務狀況的首要之務，不是加強開源節流，而是應加強投資理財。

稍微懂點財務知識、或是會算數的人都知道，一年即使儲蓄 100 萬元，也必須要 100 年後才能累積 1 億元。但若利用投資理財的話，一年只要儲蓄 1.4 萬元，40 後就可成為億萬富翁了。

投資理財在家庭累積財富的過程中有著非常重要的作用，因此，我們不應該只強調開源節流的重要性，更要強調理財。對於善理財者而言，一生的財富主要是靠「以錢賺錢」累積起來的，而不是省來的。因此，你除了要能勤儉之外，更要學習如何投資理財。

因此，想要改善家庭財務狀況，必須謹記：賺錢固然重要，但理財更重要。正確的理財觀及智慧的投資選擇，比你現有的財富或未來的收入更能影響未來的財富狀況。對於多數人而言，要改善自己未來的財務狀況，首要之務不是加強開源節流，而是了解理財的正確觀念，並立即展開理財的積極行動。

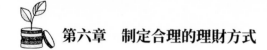

走進今日的投資市場,透過一些適當的投資方式,你可以重新審視自己對金錢的認知與態度,甚至於發掘出自己累積財富的潛力。同時,學習以更積極的方式去看待金錢的管理,由此建立起一個正確、符合時代變遷的金錢觀念和投資概念,管理好你的金錢和財富,去實現你的夢想。

再有價值的黃金,如果只是一味將它們存放在保險箱裡,那麼它就永遠只能保持相同的價值;相對的,若將它做為適當的投資資本,如投資黃金、基金,則會有較高的利潤產生,能夠迅速累積社會財富,增加個人或家庭的收入。所以,衡量自己的能力與需求,謹慎選擇適合自己的投資方式,將使我們的財富呈現指數成長。然後,利用投資所得的利潤進行再投資,如此反覆以錢賺錢,以財發財,便是現代社會中的投資理念和致富境界。

成功的另一面就是失敗,只要你決定投資,風險就相伴而生,獲利愈高的投資,相應的風險也就愈大。得失之間,如何判斷和預測,就要看投資人的心態而定了。當然,每個人都希望能在每次的投資過程中,獲取最高利益而避免身臨危機,都能出奇制勝,常勝不敗。怎樣才能達到理想中的目標呢?通常可以採取以下幾個方法:

▶ **不把所有的鈔票放在同一個口袋裡**:實行投資計畫最忌將所有的資金投資在同一個目標、或者同一性質的目標

上。正確的做法是將資金分散，如此即可分散風險，也可避免血本無歸。這是最安全的投資法則。

▶ **切莫跟著感覺走**：用心觀察，你就能發現，在投資市場上，經常會出現某種「投資熱」。只要有這樣的熱潮出現，短期內必然會有一定數量的資金聚集而不停滯。此時投資人可順著趨勢大膽投資，千萬不要憑著自己的感覺逆向而行。

▶ **海外投資要看準**：海外投資是很多投資者都想去嘗試的領域，在你決定進行海外投資前，要先了解這個國家或地區的政治、經濟、社會環境等因素是否穩定，同時匯率的波動，也是決定海外投資是否穩定的關鍵。因此，千萬不要貿然一頭栽進去。

▶ **借用他人的智慧和經驗**：如果你是一隻「初生之犢」，面對五花八門的投資管道和投資技巧，難免會手足無措，況且情報的快捷獲取也非一般投資人所能企及。所以說，想靠著個人的力量在投資市場上立足無疑是件難事。不妨把資金委託給專門機構和人才，代為決策和辦理，也許比自己瞎闖更安全、可靠些。

▶ **投資房地產，找個好地段**：投資房地產，謹慎選擇好地段往往能獲取豐厚的回饋。如交通便利的都市中心，人口流動量較高的商業區、購物區、人氣旺盛的旅遊區，

政府的經濟開發區和工業區等，都是十分誘人的房地產投資理想地段。

▶ **知識就是風向標**：若想賺取高額利潤，唯一的辦法就是要趕在熱潮尚未形成之前準確預測到市場走向。而這種預測的本領，取決於相關知識和資訊設備的早期投入。

▶ **量力而為**：所有的投資行為，風險和利潤都成正比，高利潤背後一定隱藏著高風險；同樣的，高風險投資常能帶來高利潤。所以，對於一般的投資人，在資金並不寬裕的情況下，高風險投資的比例千萬不可超過本身所能負荷的能力，以確保投資安全。

總之，不管你是打算投身於投資市場、或者已經投身於其中，都需要隨時衡量自己是否有足夠的資金可投入，要隨時警惕，不要在彈盡糧絕的邊緣行走。投資最忌諱的就是不顧後果一頭栽進去，這是一種危險的投資行為。所以，每個投資人都應該有計畫、有目標，並留有充分餘地，做一個胸有成竹、遊刃有餘的投資客。

▋及時培養理財觀

「君子愛財，取之有道」講的是賺錢的技能。實際上，隨著投資熱不斷升溫，人們已經發現，時間對我們而言是多麼寶貴。所謂「一寸光陰一寸金」，有兩層含義：其一是隨著時間

的延長，人們能夠取得複利；其二是投資賺錢具有很強的時效性。投資就是選擇進場的時間和進場點，掌握住某個時刻進場，你就可以瞬間腰纏萬貫；錯失良機，就可能悔恨終身。

時間最公平，每個人每天都只有 24 小時，它不會因為你富有而多給你一秒，也不會因為貧窮而少給你一分。人們在時間面前一律平等。但是為什麼有些人今天還是一貧如洗，明天卻一躍成為百萬富翁，而有很多人直至面臨退休仍無法自立？這是因為有些人珍惜時間、合理安排時間、準確掌握時間。這些人只恨時間過得太快，怕自己趕不上時間的節奏，他們的時間表是以分、秒計算的。而許多人抱著「船到橋頭自然直」、得過且過的心態虛度年華，他們只恨時間過得太慢，他們的時間表是以日、週甚至月來計算的，當他們發現別人的財富逐漸成長，終於感受到理財的重要性，此時才開始理財；但最終因為時間不夠，無法發揮效用。即使懂得理財，卻因時間太晚，最後只能虛度晚年，抱憾終身。

因此，應該從小培養理財觀。今天導致我們貧窮、落後的真正原因是我們浪費了寶貴的時間，錯失了許多良機。

在亞洲，絕大部分年輕人在經濟上依賴父母，到中年時才開始學習理財。此時由於家庭、小孩的影響，精力已經有限。隨著年齡的增加，面臨退休，手中有點錢時又想為自己退休後的經濟來源做準備，根本無力讓自己的錢進行較大規模的投資，最後也只能碌碌無為。相反的，在西方，18 歲的

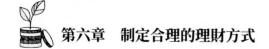

年輕人已開始自立，獨立養活自己，不再伸手向家長要錢，他們從小就逐步理財，人到中年，已是市場主要競爭者。

年輕就是財富，每個人都羨慕青春年華。我們可以用簡單的複利公式得出這樣的結論。假如年輕時節省 1 萬元，30 年後，1 萬元可變成 200 萬元；而年老時，同樣節省 1 萬元，10 年後只能成長為 6 萬元，因此青春年華是黃金時代，這句話一點也不過分。當然，這句話是否能成真，主要是看年輕人是否能善加理財，理財不善，即使擁有寶貴的青春，也無法為自己帶來財富。

年輕就是財富，年輕就是資本。但是有很多年輕人卻認為自己青春年少，有的是財富，有的是資本，可以浪費幾年光陰；他們認為從事投資理財是中、老年人的事，與自己無關，因此年輕人流行的觀念是：在年輕時代盡情享樂，一有錢就購買高檔家具、電器、跑車或出國旅遊。更有甚者，他們自己不但不理財賺錢，反而向父母伸手要錢，甚至騙錢，認為父母的錢就是自己的錢，這是一種悲劇。

事實上，這樣的悲劇還在繼續上演，我們的大學等教育環境中還有很大一部分的人排斥金錢，除了教育學生文化知識外，對於如何理財根本不予涉足。這樣根深蒂固的觀念，如何在市場競爭中生存？在未來市場經濟競爭的時代，缺乏以錢賺錢的正確理財知識，不但會侵蝕人們致富的夢想，而且對企業乃至國家的經濟繁榮也將造成影響。

　　年輕不怕失敗，只要你敢於拚搏，因為年輕，所以有足夠的時間和精力彌補那些損失。俗話說：留得青山在，不怕沒柴燒。這句話的意思是說，只要人還在，不怕不賺錢，賠一點也在所不惜。我們知道，很多大富翁，他們從年輕時就做過工，撿過破爛、洗過盤子。他們用自己的雙手艱苦勞動，將賺得的每一分錢逐步投資，最後才成為了「大老闆」。這些例子不勝枚舉，因此年輕人「勿以利小而不為」，應不斷強化自己的投資意識，敢於冒險，總結自己成功、失敗的經驗，成為市場競爭的強者。

　　一個人越早理財，對自身越有利，根據有權威性的國外機構研究，一個想成功的人在 45 歲以前，在投資理財方面通常不宜採取「保守至上」原則。正確的理財判斷力來自於經驗，而失敗是成功之母。既然要培養正確的理財判斷力，必須要經歷一次或幾次失敗，何不趁年輕、錢不多時，先經過一些失敗的磨練，到了有錢時便能發揮出準確理財的能力。

▍理財能力的強弱造成貧富懸殊

　　為什麼有些人穿著高級服飾，住在豪華別墅，開著名貴轎車；為什麼有些人卻落魄、流浪街頭，為什麼自己是為錢而忙的上班族？「是什麼因素使他們能夠那麼富有，而我卻不能？」

　　不少人將這些富人致富的原因，直接歸因於他們生來富有、他們創業成功、他們比別人聰明、他們比別人努力或是他們比別人幸運。然而，家世、創業、聰明、努力與運氣，並無法解釋所有致富的原因。你我都曾遇過不少有錢人，例如「暴發戶」或「私人企業老闆」，他們並非出身在有錢人家，也不是什麼大生意人，他們不見得很聰明，並沒有都受過什麼高等教育，也沒有比我們勤儉，甚至不少暴發戶整天遊手好閒，唯一比你厲害的地方，似乎只是他很有錢。

　　一份調查研究報告顯示，最近幾年貧富差距越來越大，個人的經濟程度已呈現兩極分化趨勢。有 47% 以上的受訪者認為「炒作股票或房地產」是貧富差距拉大的主因；其次是「個人工作能力與努力」（14%）；第三是「家庭庇蔭」（39%）。根據調查結果可以發現，大部分的受訪者認為造成貧富差距越來越大的主因並非個人努力的成果，而是由於制度不夠完整、運氣、機會等不公平的結果。

　　造成貧富差距擴大的主因的確是「股票與房地產」，至於「個人工作能力與努力」與上一代「家庭庇蔭」，影響並不大。一般人習慣將自己受害的原因歸咎於外在的因素，例如：制度、運氣、機會等，或者用負面的說辭來「炒作」，解釋自己沒有作為的原因。有錢的人大多是因為投資房地產或股票而致富，而造成財富增加的主因是因為「擁有適當的

投資目標」（投資房地產或股票），並非「炒作」而來。

是什麼使富人如此富有，他們何以能在一生中累積如此巨大的財富呢？這正是我們多年來亟欲探尋的問題。我們曾經嘗試用家世、創業、職業、學歷、智商與努力程度等因素來解釋他們致富的原因，似乎都失敗了。經過多年觀察、歸納與理論上的研究，我們發現一個被眾人所忽略但卻極為重要的原因，那就是：投資理財的能力。

投資理財能力的強弱決定了你是否能變得富有。

▋確定理財目標

理財實際上就是設定、並達成財務目標的過程。因此說，理財要有目標。每個人想追求的生活和自身所處的情況有別，所以不同的人設定的目標就會不同，而且應該有長期、中期、短期的分別。

需要牢記的一點是，理財目標並不是一成不變的，正確、合理的理財目標需要根據實際情況，適時迅速的變化，因為在你人生當中某一時刻合適並值得追求的目標，在另一個時刻可能並不合適。因此，在設定目標時，有必要時時問自己：

1. 在理財大道上，我現在站在哪裡？
2. 我打算去哪裡？
3. 要怎樣我才能到達那裡？

　　日本津上株式會社社長大山梅雄先生年輕時就有早日獨立成人的夢想。因此，早在昭和初期做學徒時，就已經努力存下了 10 萬日元。這些錢在當時來說不算少，可以開一個工廠。他說：「如果要開始一個事業，最先考慮的就是要咬緊牙關，積攢本錢。如果手頭沒有資金，從銀行和交易對象那裡都不可能借到錢。如今的時代，至少要存下幾百萬才行。」

　　空手致富雖然是一種智慧，但是如果手頭有幾百萬元存款，那麼就可以根據事業的發展需要，從銀行貸款；如果沒有這點本錢，事業的計畫不論多好、預測利益不論多高，銀行都是不會給予貸款的。因此，大山梅雄拚命存錢，把存到 10 萬元的資金做為目標。

　　大山梅雄賺錢的目的只是為了要重建製造業工廠，他的重建哲學、或者說投資哲學的基礎是：「限制支出」。他說：「重建一個企業，並不是非常困難。最首要的是限制支出，公司倒閉是因為入不敷出，若能做到限制支出，使之少於收入那就好了。」大山梅雄介入的企業，最初幾乎都是赤字累累，他一開始介入所採取的措施就是限制支出。他認為，無論是人還是企業，都會因出血過多而死亡。醫生對出血過多的患者，首先採取的措施是止血，其次再輸血。對出現巨大赤字的企業，也是完全相同的道理，要把錢用在可以形成收入的領域裡。

▌選擇適當的理財工具

選擇一種最適合自己的理財工具通常有益於你達到致富的目的，理財工具的選擇應該根據自己的能力而定。理財工具通常有以下幾種：

股票

股票是一種風險性和獲利性皆高的工具，它更適合中、長期的投資方式。以股票的性質而言，如果沒有太大的金融變化，大概都可以獲得一定程度的利潤，但是如果你選擇的是短期操作，企圖以最短時間獲取最高報酬率，由於投機的成分大，往往會成為股票交易市場上的失敗者。

投資股票的通常作法就是低價買進，高價賣出。因此在操作股票時，應該先充分獲取相關的知識，國內外政治變化、利率升降及社會經濟等，因為這些都是足以影響股市高低起伏的因素，掌握這些影響因素，並且選擇經營狀況優良的公司，相信即可抓住低價買進、高價賣出的最佳時機，從而獲取利益。但是，有些投資人會為了貪取更高的利潤，而沒有在適當時機賣出，企圖等待更高的價位出售，最後在股市波動中被套牢，甚至血本無歸。故適當掌握買進與賣出的機會，才不至於承擔無法預料的風險。

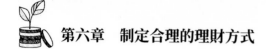

期貨

和股票有著相似之處的期貨,同樣是一種獲利極高的投資工具。

進入期貨市場進行投資交易,通常操作都較為便利,只需繳納少量的保證金,就能進行高額商品的交易。由於每個人對於市場走勢的看法不同,運用的投資技巧不同,會使交易變得更活躍,變化也會更多、更複雜,這就需要投資人時時掌握好買賣的最佳時機,以期達到低買、高賣的目的而獲取更高的利潤。

債券

與股票和期貨不同的是,債券相比之下風險通常更低,而獲利同樣較低。與銀行的定期存款相比,債券投資的特點是收益較多,相對風險較低,堪稱一條穩定、可靠的理財管道。

外匯

出於使國內幣值保值的目的、以及投機心理的驅動,許多人會從銀行儲蓄中分出一部分資金,積極投資外匯領域。在政策推動及利率下調之下,投資外匯的熱情更是空前高漲。

在進行外匯投資時應注意以下要點:

1. 貨幣買賣應分散在數家不同的銀行進行。

2. 不要要求交易對手按照 10 分鐘前的報價成交，10 分鐘後，外匯價格可能已經發生改變。

3. 不要指望交易對象會對金額 100 萬美元以下的幾種強勢貨幣報出好價錢。

4. 不要在國際重大新聞發布前，做高額的外匯交易。

5. 不要指望某個交易對象所報的價格永遠非常優惠，因為任何交易員報的價格都是從其自身利益出發的。

6. 交易員應嚴格遵守交易程序，一旦報價銀行的交易員說「成交了」，不管雙方當時多麼匆忙，都應不厭其煩再確認一遍交易細節，以免發生錯誤。

此外，在選擇交易對象時一定要認真調查，選擇那些作風正派、與本銀行關係較好的交易對象，以及報價更為優惠、速度快、服務周到、業務水準高的交易對象。

基金

基金指的是將一些小額投資人的資金集結起來，交給具有專業知識的基金經理人代為投資，而投資所得利潤歸投資人所有，這種理財工具，就是基金。投資人只要將所得利潤的一部分支付給基金經理人，做為手續費、管理費，這次投資即可稱為成功的投資。

黃金

黃金歷來是世界公認保值性最好的貨幣，它同時具有貨和幣的功能。

在國際貿易中，由於各國貨幣的匯率起伏不定，各國的貨幣政策也經常因時而異，所以預測和掌握的難度很高。而黃金則不同，它能突破區域的限制、語言的障礙，超越國度的界線，成為國際公認的貨幣。人們可能對日圓、新臺幣不信任，對英鎊感到陌生，對美元、歐元的兌換困難而不滿，但絕對不會對黃金搖頭。

世界上任何一位成功者，都持有一定的黃金，因為只要擁有黃金，哪怕是戰爭、動盪歲月中，都能幫你更容易度過難關。沒有黃金的資產組合是殘缺不全的，是動盪不安的。

與普通貨幣不同，黃金的優點在於它的價值是永恆的。一般情況下，即便是最耐久的消費品，它的價值也會隨著日子一天天過去而一點一點消失殆盡。而黃金就算是海枯石爛、星移斗轉，也絕不會變成大打折扣的二手貨幣。

正因為黃金有以上這些優點，人們購買時需要花費許多錢財，且將它存入銀行後，不會像存款或有價證券投資那樣可獲得利息或股息收入。在通貨膨脹率不高、現期政局波動不大的情況下，投資黃金只能達到保本的目的，它不可能為你提供常態性收入。

理財不能快速致富

對於一心想快速致富的人，我們的忠告是：投資理財並不適合你。因為，投資理財是個慢工出細活、欲速則不達的事。利用理財創造財富的力量，雖然比我們想像的還大，但是所需的時間卻比想像中來得久。

投資理財能夠緩慢而穩健的致富，但是用小錢投資，而想在短時間內賺取億萬的財富，我們可以在此斬釘截鐵的說：「不可能！」試想，母親能不經歷懷胎十月就生出嬰兒嗎？農夫能縮短秧苗成長的時間嗎？

財富的成長與生命的成長一樣，都是點點滴滴、日日月月、歲歲年年在複利的作用下形成的，不可能一步登天而快速成長。這是自然界的定律，上天從不改其自然法則。

多少投資人在一夕間賺大錢，也在一夕間破產，其成功是由於僥倖，其失敗之因在於「可能一時僥倖，但不可能永遠僥倖」。任何一夕致富的投資機會，必定潛藏著更高的一夕破產的風險。這就是為什麼想一夕致富者之中，大多數人的下場是血本無歸或傾家蕩產。

想成功，必須要耐得住性子，將資產投資在正確的投資目標上，不需要操作也不需要操心，自然會引領財富成長，假以時日，成為億萬富翁是十拿九穩之事。對投資理財而言，欲速則不達、「快」一定不好！

　　若真的很想要快速致富，建議你不妨利用創業的途徑，而不要利用投資理財。如果讀者之中有人想要快速致富，怎麼辦？衷心建議是，最好選擇創業的途徑。我們可以看到古今中外多數富人致富的過程，由創業而快速致富的例子不少，美國首富比爾蓋茲在大一時休學創立微軟公司，短短的20年間，就能成為美國首富。

　　只不過，創業成功的機率極低，以創業致富的機率更低。根據統計，一個人初次創業的成功率只有7%左右，而且創業成功並不代表致富。換言之，我們每看到一位風風光光的成功企業家，其背後至少有數十個默默無聞的失敗者。況且創業的過程相當艱辛，創業成功者一天工作十幾小時，似乎是必備的條件。

　　反之，投資理財只要方法正確，錢投資於股市、房市，耐心等待數十年，致富的成功機率非常高，想不富有都很難，而且其過程輕鬆愉快！你要採取哪一種方法致富，抉擇於自己。我們仍要再次強調，以創業快速致富有其可能性，而理財快速致富是絕無可能的。

▌積少成多的儲蓄法

　　在現代社會，很多人都在朝九晚五的忙碌著，他們辛辛苦苦守在工作崗位上，兢兢業業工作著，若干年後，老闆越

來越有錢，但財富對於他們來說，仍然可望而不可及。

　　大部分上班族，每個月的收入就是那點微薄的薪水，如果扣除日常生活一切無法避開的花銷，如房租、水、電等費用，那一丁點薪水也就所剩無幾了。如果再東花花、西買買，錢便消耗殆盡。如果你想留住金錢、累積財富，不讓自己的薪水袋成為金錢的旅館，便要懂得管理自己的財務，具備理財的觀念。

　　理財並不只侷限於特定人群。貧窮的人需要理財，因為它能使你變得富有；富有的人更需要理財，理財本身不但可以使錢變得有價值，而且還能衍生出更多的財富；透過理財，更能夠有效控制自己不當的消費習慣，為更好的生活提供資本保障。

　　如果你還沒有明白理財的重要性，還沒有開始理財的計畫，你非常有必要開始理財，並立刻付諸行動。以下幾個步驟可供你參考。

評估個人的財務狀況

　　理財的第一個步驟就是評估個人的財務狀況。評估時，你可先從手邊持有的現金以及銀行存款著手，然後再對一些固定資產，如土地、房地產等進行評估，同時別忘了把個人的負債狀況也整理清楚，這是很重要的。

　　做好個人財務狀況的評估之後，你便可以透過財務報表

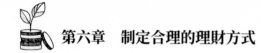

的分析來詳細了解個人資產的多寡。這麼做，可以幫助你在實行理財計畫時，更能清楚掌握財務消長動向及潛力。充分評估個人的財務狀況，除了可以激起保持收支平衡的危機意識外，更可當做投資的指標。這是個人理財的重要步驟之一。

了解個人需求

　　了解個人需求是理財的第二個步驟。從財務報表中，掌握了自己所擁有的資產之後，便可以此為依據，衡量自己的能力，去逐步完成自己的需求。但這裡必須掌握一個原則，人生雖然有夢，但築夢要踏實，千萬不要天馬行空，訂一些不切實際的目標去完成，那樣結果只會徒然浪費時間和金錢。你應該在自己的能力範圍之內，明確、踏實定出自己的需求是什麼。

編列預算

　　理財計畫的第三個步驟就是編列預算。在預算編列的時候，首先必須先把自己的財務做個明確的分配。確實紀錄每一筆收支，並且將過去的消費狀況做一個詳盡而細膩的分析紀錄，如此一來，不但可以知道每個月不知不覺花掉的錢去了哪裡，更可以強迫自己避免做出不必要的支出；另外，編列預算表，將一些開銷花費的預算先大致列出，然後再與實

際花費的金額做比較，此舉可以得知自己的消費狀況是否在預算控制之中，或者出入甚遠。總之，消極一點的目標是盡量不要讓預算出現赤字，積極一點的目標則是積少成多，有備無患。

切實執行理財計畫

任何偉大、完美的計畫都需要及時的行動來表現計畫的價值，因此，理財計畫的第四步就是切實執行理財計畫。古語云：「坐而言不如起而行」，說的就是這個道理。當預算編列完成後，便是執行的時候了。

當理財規畫來到最後階段時，可將實際執行的結果和當初的預期做個比較，盈餘超越預期值，那就是有效的理財規畫；反之，實際餘額小於預期值，那就要重新檢討自己的理財方法，確認步驟是否有誤，找出問題，重新調整執行。

設定理財目標

對於大多數人而言，設定理財目標是有著正面作用的，因為理財目標的確立就好像是在自己背後多了一條無形的鞭子，無時無刻不在監督自己去追求，去奮鬥，努力使自己更充滿幹勁，向著目標前進。好比業務員先設定好這個月要達到多少業績，學生先想好哪一所大學是自己的第一志願，減肥時先假定三個月內要瘦多少公斤等等，諸如此類，都是先

確立一個目標，有了明確的目標，才有努力的動機，再加上鍥而不捨的毅力與決心，相信成功便近在咫尺。

「合抱之木，生於毫末；九層之臺，起於累土。」一個人想要成就高遠宏大的事業、實現理想和追求，必須從最微不足道的地方做起，從最微小的事情開始。同樣的，設立財務目標要根據每個階段的能力與需求安排優先順序，進而訂出短期、中期、長期的計畫。

目標的訂立因人的具體情況而定，其中最重要的是：當我們在每個階段立下目標之後，需視財務狀況的變動適當做出調整，並且盡力去完成它，以期在自己的人生規畫中交出一份滿意的答案卷。

┃只增不減的儲蓄方法

在一般的情況下，上班族通常是很難下定決心在銀行裡存一筆鉅款的。即使有了這種雄心，也會因為一直不能存滿預期的金額而喪失信心，最終使存款藍圖付諸東流。

投資理財沒有什麼複雜的技巧，最重要的是觀念。其實，理財致富只需要具備三個基本條件：固定的儲蓄、追求高報酬以及長期等待。

和信集團在過去曾是排名臺灣前五的大集團，當時由和信企業團會長辜振甫和中國信託董事長辜濂松領軍。外界總

想知道這叔侄倆究竟誰比較有錢，有錢與否其實與個性有很大關係。辜振甫的長子──台灣人壽總經理辜啟允非常了解他們，他說：「錢放進辜振甫的口袋就出不來了，但是放在辜濂松的口袋就會不見了。」因為辜振甫賺的錢都存到銀行，而辜濂松賺到的錢都拿出來投資。而結果是：雖然兩人年齡相差 17 歲，但是侄子辜濂松的資產卻遙遙領先於其叔辜振甫。

因此說，一個人一生能累積多少財富，不光取決於你賺了多少錢或者是你節省了多少錢，關鍵取決於你選擇怎麼樣的理財方式。

諾貝爾基金會的成功就歸功於理財有方。西元 1896 年，諾貝爾捐獻 980 萬美元做為諾貝爾基金會的原始基金。但是每年發表的獎項必須支付高達 500 萬美元的獎金。到了 1953 年，基金會只剩下 300 多萬美元。也就在這一年，基金會將原來只准存放銀行與買公債的理財方法，改變為應以投資股票、房地產為主的理財觀。這樣到 1993 年，基金的總資產竟然逐步增加至超過 2 億美元。

理財致富強調的是時間，是「馬拉松競賽」而非「100公尺衝刺」，比的是耐力，而不是爆發力。對於短期無法預測、長期具有高報酬率之投資，最安全的投資策略是先少量投資，等待機會再進一步投入更多資金。

說到理財，人們自然會說，我每個月的薪水那麼低，何來財可理？理財應該是那些富人、高收入家庭的專利。其實這樣的觀點完全是一種誤解。事實上，影響未來財富的關鍵因素，是投資報酬率的高低與時間的長短，而不是資金的多寡。以那個神奇的公式所講述的方法為例，若你已經擁有 36萬元，則你可以減少奮鬥 10 年；若你已有 261 萬元，則可以少奮鬥 20 年，只需要再 20 年，就可以成為億萬富翁。如果想要更多的本金，不妨去借。

投資理財的最高境界就是借用別人的錢為自己賺錢，換句話說，就是「舉債投資」。而銀行的功能，就是讓不善理財的人有一個存錢的地方，好讓善於理財的人利用這些錢去投資賺錢，成為億萬富翁。

▌避開「面子投資」的陷阱

人的虛榮心總是給人帶來很大的禍害，為了維護或爭取某種面子，大多數人事實上時時刻刻在承受著隨之而來的巨大的心理壓力和財務消耗。一方面，他們把自己的成功程度寄託於面子的大小與多寡上；另一方面，面子上的事所帶來的經濟負擔又使他們不堪忍受。為什麼許多人總是處於這種兩頭為難又有口難言的尷尬處境呢？其中十分重要的一個原因就是，人們對面子問題缺乏正確的經濟學認知，不懂得進

行成本核算。可以說，盲目的、低效率的、過度的投資是多數人進行「面子」消費的基本狀況。因此，我們要釐清在這方面的一些誤解，從而使多數人真正守住自己的財富並保住自己的面子。

追求面子應該是有目的性的，每一個追求面子的人應該清楚意識到自己準備達到的目標和希望獲得的利益，並為此需要付出什麼代價。一個人目標越明確，就越能夠減少自己行動的盲目性，強化「面子」投資的效益和效果。

現實生活中，有兩種心態是缺乏「面子」投資的表現。第一種心態乃是「比較」心態，即透過各種手段，想方設法在面子上比過他人、或至少要與之持平。在他們的這類「面子競賽」中贏得更大的面子，這種盲目的欲望是唯一的驅動力量。至於這個面子下所包含的實際內容以及具體價值，則很少有人能說得清。第二種心理就是「從眾」的心理，即不去努力做最有面子的人，但要防止成為最沒面子的人。這種人的典型特徵是跟著別人走，永遠與大多數人站在一起，而混跡於人群之間，便沒有所謂「丟面子」的問題。可能多數的人都抱有這種心態。這種類型的人同樣沒有自己的目的，因為別人的行動已經支配了他們自己的行動，就好像一朵浮萍飄在水上，水流到哪裡便飄向哪裡。這兩種「面子哲學」，一個積極、一個消極，一個追求最上限、一個防止最

下限，但都有一個特徵，那就是盲目，沒有具體、實際的目標導向，從而成為面子的奴隸。

　　沒有明確的目的，「面子」投資就像是在用錢打水漂，不會有太大的收益，同時也很難核算成本。所以，想要提高自己「面子」投資的經濟效益和實際效益，首先就必須釐清自己的投資方向和目標。

　　釐清了「面子」投資的目的，就應該進行「成本核算」。

　　這裡的「投入」，應該包括人力、物力、財力及時間等各種要素。過去，我們只注意人、財、物這些因素，而對時間重視不足，那是因為傳統社會生活節奏慢，時間不具有經濟價值。而在現代商業社會則不然，時間即等於財富，所以，我們一定要考慮到在一來一往中所耗費的時間以及相關成本。

　　在中國的家庭經濟生活中有一句世代相傳的成語，叫做「量入為出」，即根據自己的收入來確定支出。而在「面子經濟學」中，則要反其道而行，要「量出為入」，即根據自己所追求的目標和可能得到的收益來確定相應的投資規模。通常來說，投資額應小於收益額，但是，有時持平、甚至稍微超出也屬於正常現象。我們所努力追求的目標是：力求以最小的投入，贏得最大的面子。

　　任何一項投資都應該預先估算其效益，同樣的，追求面

子也應該進行「結果預期」，也就是要估算「產出」。

何謂「產出」？「產出」就是一種結果，它既可以是表面的面子，也可以是實在的利益。對「產出」的估算既可以在進行面子投資以前，也可以在進行面子投資以後。但事前預測、事後總結應該成為我們進行「面子投資」的一種習慣，只有這樣，我們才能不斷進步，不斷提高自己投資的報酬率。

據報載，有一個個人經營者，靠著自己的聰明才智與辛勤工作發了財；但是幾年後就破產了，並且最後導致走上自殺的絕路。為什麼會落得這種結局呢？就是因面子所累。自己變得富有了，有了一些錢，使他不顧自身經濟條件的限制，無端耗費大量的錢財。親戚朋友一拜訪就隆重接待，以好菸、好酒、好菜款待，以示熱情大度。為了「富了不忘窮鄉親」的好名聲，到處送禮四方支援，別人稍作恭維，就飄飄然起來。即使在自己已經到了破產的地步時，出門仍要開車代步，以示有錢。

為虛名所累的人，終有一天會自食苦果。因此，不幸結局雖在意料之外，但又在情理之中。這個例子可以啟示我們：想要使你的面子越做越大，且維持得長久，就一定要結合你的短期利益與長期利益，只有那些時刻注意鞏固和發展自己長期利益的人，才能夠真正成為自己財富的守衛者。

▌拋棄虛榮的排場

　　每一個成功的人，不只會賺錢，同時還會攢錢，俗話說：聚財才能發財。不懂儲蓄的人，也一定不可能致富。

　　日本的大阪商人是有名的「卑劣、小氣、精明的大阪商人」，不管這句話的真正涵義是什麼，大阪商人卻將之視為一種恭維。

　　因為他們認為卑劣正是不虛榮，小氣是不浪費，這有什麼不好呢？又何嘗不是讚美之辭。而且，精明是指別人敢做、自己也敢做的膽識，也是難能可貴的。

　　一句話，道出了大阪商人成功的真髓。對大阪商人而言，再也沒有得到這句話的讚譽更令人自豪的了。

　　東京是日本的政治、經濟、文化中心，當地的人來自日本各地，他們彼此不認識，也不知道對方是否可以信賴，因此，他們只能以外表來判斷對方。長久下來，大家都很注重外表。在東京辦公的各行各業的董事長室，一定要裝潢得非常豪華，而且空間上非常寬敞，甚至有的董事長室，辦公桌上放五六部電話。

　　誰都知道，人不會像章魚那樣，人只有兩隻手，不可能一下子同時接五六部電話，然而他們卻以此撐場面，以為前來拜訪的人，一看到裝潢得如此豪華的董事長室，就會認為：在這麼豪華的地方工作的人，一定足以信任，買賣也會很快成交。

　　然而，大阪人的想法卻完全相反。大阪人對於坐豪華董事長室、開名牌轎車、戴名貴手錶的人，會認為：「這個人如此奢侈，公司總有一天會倒閉，和他做生意實在不保險。」大阪人對東京人這種浮誇的工作作風，實在不以為然，依照他們的想法，如果是為了做生意，就應該拋棄虛榮。

　　做生意，確實是各有招數，大阪的商業法則，也許根本不適用於東京。但以長遠的眼光來看，穩紮穩打、勤儉治業的方式仍然是更牢靠的。

　　所以，無論是評價一個人或是一件物品，都應該注意它的本質，不要過於注意外表，或以價格判斷物品價值。不管是卑劣、小氣或者精明，都必須節省，腳踏實地儲蓄，才能獲得最後的勝利。

▍精打細算理財法

　　西元 19 世紀石油巨賈成千上萬，最後只有洛克斐勒（John D. Rockefeller）獨領風騷，其成功絕非偶然。專家在分析他的致富之道時發現，精打細算是他取得成就的主要原因。

　　洛克斐勒踏入社會後的第一個工作，就是在一家名為休威・泰德的公司當簿記員，這為他以後的商業生涯打下了良好的基礎。由於他在該公司工作的態度勤懇、認真、嚴謹，

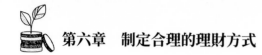

不僅把本職工作做得井井有條，還數次在送交商行的單據上查出了錯漏之處，為公司節省了數筆可觀的支出，因此深得老闆賞識。

後來，洛克斐勒在自己的公司中，更是注重成本的節省，提煉加侖原油的成本也要計算到第三位小數點。為此，他每天早上一上班，就要求公司各部門將一份淨值的報表送上來。經過多年的商業洗禮，洛克斐勒能夠確實查閱報上來的成本開支、銷售以及損益等各項數字，並能從中發現問題，以此來考核每個部門的工作。1879 年，他寫信給一個煉油廠的經理質問：「為什麼你們提煉一加侖原油要花 1 分 8 厘 2 毫，而東部的一個煉油廠做同樣的工作只要 9 厘 1 毫？」就連價值極微的油桶塞他也不放過，他曾寫過這樣的信：「上個月你的工廠彙報手頭有 1,119 個塞子，本月初送去 10,000 個，本月你的工廠使用 9,527 個，而現在報告剩餘 912 個，那麼其他的 680 個塞子到哪裡去了？」洞察如微，刨根究底，不容許有任何馬虎。正如後人對他的評價，洛克斐勒是統計分析、成本會計和單位計價的一名先驅，是今天大企業的「一塊拱頂石」。

洛克斐勒曾根據降低石油製造成本一事說過，標準石油公司必須永遠意識到它是在為窮人煉油，必須能讓他們買到物美價廉的商品。為了節省支出，洛克斐勒標準公司在客觀條件允許的範圍內盡可能自給自足，不讓任何人在公司能夠

自行生產的任何一個項目上賺到錢。一言以蔽之,這就是標準石油公司的「垂直整合」做法,後來成為 20 世紀眾多老練成熟的公司所追求的目標。

在此方針之下,標準公司自己製造油桶,在每個桶子上節省一美元;洛克斐勒年復一年的投資,並全力以赴親自指導經營,從而製造出公司自用的儲油車廂,供鐵路使用,使運輸效率提高,防止石油滲漏。那種在裝貨平臺上裝著兩個巨型木桶的原始油車有效利用了貨車載運的空間,便是洛克斐勒智慧的結晶。

我們對待各種生活支出就應該像洛克斐勒那麼苛刻,學會精打細算毫無疑問是守財的法寶。

▎用商業手法控制支出

每一家商業機構,無論規模大小,都會利用公司上下所有員工、設備、生產工具,全年不停運作生產,它這樣做,都是為了一個必然的目標,就是每年年終可以創造「利潤」。「利潤」就是指扣除公司所有成本,包括稅項及一切開支後,剩餘賺取的盈餘。

大多數人由於物欲誘惑,或貪圖享樂,絕大多數都只顧現狀,錢賺得快亦用得快,他們拚命賺錢,亦拚命花費享受。不求天長地久,但求曾經擁有的花錢方式,使他們坐吃

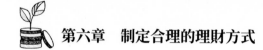

山空。很多很能幹的年輕人,有些更少年得志,很年輕已擁有事業,他們自以為可以不斷點石成金,而且來日方長,今天已有這樣的成就,未來更大有所為,所以他們往往揮金如土,胡亂揮霍。閱歷淺,點染亦淺;歷事深,惡習亦深。不只閱歷淺的年輕人如此,很多飽經世故,自以為閱歷很深的人,亦由於累積惡習,陰謀詭計也隨著增加。他們以為自己累積的財富將來會被他人(可能是親人)謀用,所以不如把它花光,覺得與其被他人享用,不如自己獨享,所以,每年結尾時,他們不但沒有剩餘金錢做為「利潤」,更有可能債臺高築,債主臨門。

一家商業機構如果這樣運作,必定會倒閉;你的財務狀況如果如上所述,到老時肯定也一無所有。

有一位博士,擁有數個博士名銜。年輕時,他由於才華出眾,被多家公司器重,所以不愁沒有工作,覺得自己聲名顯赫,所以每年都把金錢散盡,與不同的女友到世界各地遊玩:不是到泰國森林騎大象,就是到歐洲旅行,享受浪漫豪情。到了 50 多歲,數度婚姻變化,令他一貧如洗,失業數年,到了 70 歲還要為解決生活問題而奔忙。

君子閒時要有吃緊的準備,不計劃如何致富,等於是計劃如何變窮。如果你每年不能累積一定指標的「利潤」,還要入不敷出,等於是在經營一家虧本公司,只看它何時倒閉!

第七章
創造並掌握致富的機會

機會可以說是致富之路的一條捷徑。但是能夠掌握住機會的人卻微乎其微。大多數人不善於抓住機會是無法致富的原因。更重要的是，大多數人無法為自己創造成功的機會。因此，像富人一樣思考的關鍵一步，也就是要時刻去創造、並善於掌握致富的機會……

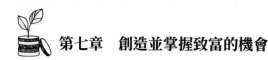

在致富的過程中，時機的掌握甚至可以決定你能否有所成就，抓住每一個致富的機會，哪怕那種機會只有萬分之一。

美國人有一句俗諺：「通往失敗的路上，處處是被錯失的機會。等待幸運從前門進來的人，往往忽略了從後窗進來的機會。」

「不放棄任何一個、哪怕是只有萬分之一的可能性的機會！」這是美國百貨業鉅子約翰·甘布士的口頭禪。當然，任何一個人要想掌握住這萬分之一的機會，必須具備一些必要的條件：

1. 目光長遠。鼠目寸光是不行的，不能看見樹葉，就忽略了整片森林。

2. 必須鍥而不捨。沒有持之以恆的毅力和百折不撓的信心是無濟於事的。

假如你具備了以上這些條件，那麼只要你去付諸行動，總有一天你將成為百萬富翁。要在商業活動中有所為，僅僅靠一味的盲目行動，是收效甚微的。看準隨時出現在身邊的時機並掌握它，將它變成現實的財富，才是成功企業家的明智選擇。

成功者善於創造機會

大凡成功者，他們有一個共同的特徵就是從不怨天尤人，從不等待餡餅從天而降，相反的，每一天他們都在積極行動，在行動中尋找機會，只要有機可乘，他們便會大膽加以利用。有時候，貧窮非但不會成為不幸和痛苦，透過吃苦耐勞、堅忍不拔的自強努力，反而會轉變成一種幸福，它能喚起人們奮發向上的熱情，並為之勇敢奮鬥。

如果你將自己的失敗、別人的成功歸結於運氣的話，你就大錯特錯了，成功與否和運氣沒有必然的關聯。

如果你也想成為一個有錢人，那同樣的，你也需要自己去找理想的機會，自己去開創好運，而非等待機會。你應該學的是這一點：盡力創造自己的優勢，增加好運上門的可能。你要主動出擊，看準容易讓你脫穎而出的機會。只有局外人才會覺得你是從天而降的幸運兒。

有這樣一位令人尊敬的女性，在少女時代，她的父母早逝，她在哥哥嫂嫂的冷眼中成長到了 20 歲。在那個時代裡，女子的出路別無選擇，她為了尋得一塊屬於自己的小天地，早早就嫁了人。走完了從女孩到女人這一生中最重要的一段路，她想要的是一個真正屬於自己的港灣，但沒有想到，她嫁進了一個更加令人窒息的家庭，這個家庭處處散發著腐朽沒落的氣息。

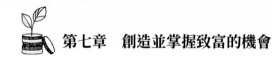

　　她在這個富庶的家庭裡毫無地位，沒有人把她當成真正的家庭成員對待。她要沒日沒夜工作，天未亮就要起床，準備一家人的早餐；晚上，她是全家人當中最晚睡的一個，她要洗全家人的衣服，還要受到全家人的喝斥。

　　女子就像一根頑強的小草，在岩石的縫隙中堅強活著，後來，她的女兒出生了，這為她黯淡無光的生活帶來了一線希望。

　　就在她的第三個女兒出生的時候，她被婆婆趕出了家門，一間小泥屋成了她的家。

　　但她並沒有因此傷心，不必再看人臉色，反而使她感到如釋重負。她在房子周圍種滿了花草，讓她的女兒在花叢中捉迷藏，雖然貧窮，但她卻獲得了價值無限的自由。

　　沒有錢買菜，她就在園子裡種菜、在空地上養雞，冬天，當第一場雪降臨的時候，女子坐在屋子裡，哄著她的孩子，她收穫了滿滿一屋子的白菜、馬鈴薯，這些菜足夠幫助他們一家人度過這個寒冷的冬天。

　　女子苦苦掙扎了 10 年，在他們一家人的生活剛開始有所轉機的時候，她的丈夫又去世了。已經不再年輕的女子不得不再次挑起經濟重擔，除此之外，她別無選擇。

　　為了讓女兒能讀書，女子使出了渾身解數，下班以後，她在市場裡賣餡餅、為紡織廠加工半成品手套。

　　後來，女子工作的地方有一家虧損的農機具配件商店，沒有人經營，女子就提出了承包經營的想法。主管也樂得擺脫這個爛攤子，很順利的簽訂了承包合約。

　　某年冬天，女子發現她每天上班經過的路邊堆著小山一樣高的一堆廢鐵，她找人打聽，得知這是有人從國外引進的一批無用零件，正準備賣到資源回收站。

　　女子發現，這種廢鐵正是一種拖拉機的配件。以往，大量的拖拉機從國外進口，後來這種拖拉機再也買不到配件，大多閒置，成了一堆廢鐵。

　　女子找到這堆廢鐵的主人，提議用比資源回收高出一倍的價格購買，但附加的條件是：她必須是獨家購買，這堆廢鐵不可以再賣給第二家。那位老闆看到有利可圖，馬上就簽訂了合約。

　　女子拿到了合約之後，連夜趕往鄉下各處的農地，她驚喜的發現：國外進口的拖拉機幾乎全都棄置在庭院裡，任憑風吹雨淋。女子向鄉下人打聽，為什麼不把這些機具修一修？這些農民幾乎眾口一詞的說：不是不想修，而是因為買不到配件。

　　女子說：我這裡有配件，而且低於市價。這些農民如同聽到天大的喜訊一般，驚喜不已。因為那個時候，農民都急需補充一大批農機具，可是卻苦於手中沒有錢，如果把這些

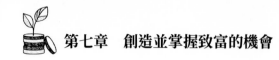

廢棄的農機具修補一下，再次利用的話，無疑是幫了他們的大忙。

不到兩天，女子就把堆在路邊的廢棄零件賣掉了，而且如期付給那位老闆比回收高出一倍的錢。

這堆「廢鐵」不僅使女子賺到了錢，而且還使她看到了無限的商機。她多次到港口尋求貿易夥伴，憑著她為人的誠信，很快就經營得有聲有色。不僅擺脫了困境，而且生意越做越大，由一家小店，發展成為股份公司，走上了多角化經營的良性發展之路。

「天助自助者。」這是一條至理名言，它早已被無數次證實過，很多成功者都是在艱苦中、磨難中成長起來的。自立的精神是一個人真正發展與進步的動力和根源，它表現在生活中眾多的領域，也是一個國家和民族興旺發達的真正根源。

成功人士和尋常之人最大的不同就是能抓住瞬間即逝的機會，能發現在常人眼裡不是機會的機會，就像剛才所講的故事裡的女子一樣。可是有些人總是怨天尤人，每日沉迷於自己制定的那些虛無縹緲的終極目標，而讓一個又一個機會從身旁悄悄溜走。

等待只會坐失良機

被動的等待或守株待兔，根本是浪費時間，錯失良機的舉動，亦無異於把自己的命運交給渺無可知的外力來決定。

一位探險家在森林中看到一位老農正坐在樹樁上抽菸斗，於是他上前打招呼說：「您好，您在這裡做什麼呢？」

這位老農回答：「有一次我正要砍樹，但就在這時風雨大作，颳倒了許多參天大樹，這省了我不少力氣。」

「您真幸運！」

「您說對了，還有一次，在暴風雨中，閃電把我正要焚燒的乾草給點燃了。」

「真是奇蹟！那您現在要做什麼？」

「我正在等待一場地震把馬鈴薯從土裡翻出來。」

如果真有這類奇蹟出現，固然很好，但守株待兔的處事態度卻是最要不得的。因為，許多問題的嚴重性是與時俱增，拖得越久就越難解決。因此，你若期待別人幫你或想等問題自生自滅，就無異於火上加油，使問題有加速惡化的機會。

大多數人都在等待機會，但他們究竟在等些什麼？有兩種情況：

1. 等待貴人扶持；
2. 等待一切預備妥當。

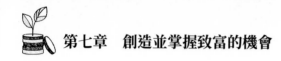
　　出外遇貴人，是值得慶幸的事。通常遇上貴人是運氣，是偶然的意外，可就偏偏有人誤以為是必然；於是，他們什麼也不做，只等貴人出現，以為靠他扶持一把，自己就能不費吹灰之力，出人頭地。

　　這種等待貴人的心態，其實是希望不勞而獲，想吃免費的午餐。這種心態也成為不去努力做事的藉口：「我現在失意，只是因為貴人未到，如果有一天貴人出現……」

　　這種人把一生幸福寄託在等待貴人的信念上，十分危險。首先，遇到貴人是運氣，並非必然。另一方面，貴人有真假之分，如不小心誤判，把假貴人當真貴人，便容易受騙，蒙受損失。可惜，這種人往往受主觀願望蒙蔽，缺乏應有的辨識能力。

　　貴人是指人事上的助力。在致富途中，有人拔刀相助，使致富減少困難，增加成功的可能性，從這個角度來看，貴人是一種機會。沒有人會排斥貴人的，但我們對這種助力，應有正確的認知：

1. 我們歡迎貴人，但不倚賴貴人。
2. 我們要努力做事，創造合適的條件，使貴人出現。
3. 小心辨別真假貴人。

　　而另一方面，做足充分的準備，是把一件工作做好的必要條件之一。可是，做好一件工作是一回事，創造機會是另

一回事，可不要混淆了兩者，否則，就會出現呆等、空等的情形，徒然浪費生命。

從事一項特定的工作，需要多少個步驟、需要什麼條件，比較容易在事前計算清楚，只需要按部就班去做，一步步循序漸進就行。

創造機會則有所不同。創造機會是掌握事業的方向，創造出合適的條件，使目標更快、更容易達成。創造一次機會，需要分別從事許多件工作。即使每件工作可以在事前作出計算，但創造機會本身卻難以事前計算清楚。因此，你可以在從事一項工作之前，做足一切準備工作，但在創造機會時，要做足所有準備是不可能的。機會出現與否，由許多因素決定，其中有不少因素是你無法控制的。你只能作最佳的計算，卻無法也不需把「一切」因素都計算得清清楚楚。

機會不等人，只要知道機會的各項特性（短暫性、易變性、稀有性等），就會明白這個道理。你怎能在瞬息萬變的形勢中，要求機會停下來，等你做好一切準備呢？這樣做，只會造成拖延，錯過良機。

我們在平日做好應有的準備工作，這是必要的。當機會來臨，可別再拘泥於準備功夫不足，應該立刻把它捕捉住。

▍別忽略身邊的機會

有時，人們喜歡跑到外面去尋找寶藏，而不知道自己的院子裡也埋藏了許多寶物，只是我們沒有去挖掘而已！

有個住在柏林的猶太人，時常夢見一個碾米廠的地底下埋藏了許多等待他去挖掘的寶物。終於有一天，他抑制不住自己的好奇心，而決定隔天一早便去挖掘寶物。

第二天早晨，天未破曉時，他就已經起床準備好了。到了碾米廠之後，他便仔細的、小心翼翼的挖了起來，可是幾乎挖遍了碾米廠，卻仍然沒有挖到任何值錢的東西。碾米廠的廠主聞聲而至，問他為什麼在此地挖掘，當廠主聽完這個緣由後，突然高聲大叫：「太奇妙了，我也經常夢見一位住在柏林的人，他的院子裡也埋著許多寶貝。」

廠主不但這麼說，甚至還指出夢中那個人的名字，說來也真湊巧，這正是那個猶太人自己的名字啊！

於是猶太人立刻馬不停蹄回到自己的家裡，趕忙挖掘院子，沒想到，他真的挖出了許多寶物。

相信這個故事對讀者們一定有所啟發。對此，我們要提出忠告 —— 請勿忘記自己身邊的寶物，即不要忽略身邊的機會。

多看、多聽、多想，到處都是機會。不必走多遠，就在你身邊，已藏著許多機會，等待你去發掘。

德威特·華萊士（DeWitt Wallace）沒有讀完大學，就輟學回到鄉下，在他父親經營的農業書籍出版社幫忙。此時正好第一次世界大戰爆發，他應徵入伍，隨部隊來到法國，在戰爭中受傷。住院期間，華萊士閒得發慌，就將他帶入軍中的雜誌拿出來重新翻閱，他發現這些雜誌中有些特別有趣的文章，他想，如果把這些文章摘錄下來，彙集成冊，刊登成一流的好文章摘要，一定很暢銷。

於是，華萊士將這些雜誌中有趣而又實用的部分摘錄下來，進行簡單的編輯，使之形成簡潔、生動、有趣的文摘。華萊士傷癒退役返回家鄉後，一面幫助他父親做出版工作，一面到圖書館尋找雜誌，不論是 10 年前的舊稿還是新發行的雜誌，只要是有趣、有價值而且不容易看膩的部分，他就摘錄下來。西元 1920 年 1 月，華萊士將他收錄的 31 篇文章編入了《讀者文摘》第一期，這期只印了 2,000 份，目的是看看讀者的反應。發出徵訂之後，《讀者文摘》立即得到讀者的歡迎，訂購量大增。知名的《讀者文摘》就是這樣創辦的。

只要細心觀察，肯花時間去思考、調查研究，不難發現，你身邊也潛伏著許多機會。

▌掌握機會需要克服障礙

　　要想成功，必須清楚的明白哪些可能會阻礙你取得成功，並設法消除這些障礙，只有這樣才能掌握住機會。

　　拿破崙·希爾經過長時間的潛心研究，發現無法及時掌握機會而導致失敗的原因有以下幾種：

▶ **缺乏明確的人生目的**：如果沒有明確的人生目的，便沒有成功的希望。經相關研究機構分析，100 人中有 98 人缺乏這種目的，也許這是他們失敗的主要原因。

▶ **缺乏志向與抱負，對任何事都無所謂**：缺乏上進心和不願付出代價的人，絕不可能成功。

▶ **缺乏百折不撓的精神**：我們之中的多數人做事都是虎頭蛇尾，而且我們還常常看到失敗的跡象便立即退卻。百折不撓的精神是無可取代的。以百折不撓的精神做為座右銘的人，不會因為遭遇失敗便立刻放棄。失敗，鬥不過百折不撓的精神。

▶ **消極的性格**：成功產生於力量，而力量則需要大家的努力合作產生。消極的性格無法產生合作，它只會使別人敬而遠之，從而失去成功的希望。

▶ **拖沓**：很多人無法成功的原因就是因拖沓所致。「陰魂不散的拖沓」總是時刻跟隨著每個人的身影，等著破壞成功的機會。我們之中的多數人之所以一生失敗，是因

為我們總是想等待「好時機」，以便開始做值得一做的事。不要等待！時機也不會是「正好」的。就從你站的地方，用你手中的工具開始做吧，在你做的過程中，會得到更多更好的「好時機」。

▶ 妄想「不勞而獲」：賭徒的天性驅使著數以百萬計的人們走向失敗。西元 1929 年華爾街股票市場的崩潰，使許許多多的人破產。從這裡，我們可以找到他們失敗的證據。

▶ 缺乏自律：自控力是一個人能否成就大事的關鍵。在你要控制別人前，必須要先控制自己。你會發現自我控制是最難的。你無法征服自己，就會被自己所征服。當你在鏡子裡看到自己時，他既是你最好的朋友，也是你最大的敵人。

▶ 過於謹慎：通常，機會與風險同在，拒絕風險的人同樣也是在拒絕機會。過於冒進同樣不可取，想成功，就必須時刻注意不能走向這兩個極端。

▶ 過於恐懼：安於現狀、害怕新事物，對未來充滿恐懼同樣是你無法致富的重要因素。在你想為他人服務之前，必須克服這些恐懼。

▶ 迷信和偏見：迷信是恐懼的一種，它也是無知的表現。成功的人虛懷若谷，並且什麼都不怕。

▶ **優柔寡斷**：成功的人都能迅速下定決心，並根據情況的變化而改變他的決定。優柔寡斷則是失敗者最顯著的特徵，這種人在做決定時，總是行動緩慢，並且常常改變主意。

▶ **花錢不知節制的習慣**：合理的理財對於致富同樣非常重要，揮金如土者不可能成功。要規劃收入的百分比做為儲蓄，以養成有計畫的儲蓄習慣。一個人在求職時能否和雇主討價還價，前提往往是他在銀行裡有沒有錢。一個人如果沒有錢，就只能接受別人給他的任何工作。

▶ **缺乏熱心**：缺乏熱心的人也缺乏感染力，很難讓別人對他產生信任，一個讓人無法信任的人又怎麼成功？熱心富有感染力，熱心的人往往會受到大家的歡迎。

▶ **偏執**：無法容納許多觀點的人，很少能成功。偏執的意義便是一個人不再求知。最具有破壞性的偏執，則通常是與宗教、種族以及政治觀念緊緊相關的。

▶ **不節制欲望**：毫無節制的讓身心墮落在放縱裡，又怎能取得事業上的成功？

▶ **蓄意欺騙**：誠實沒有替代品。沒有人願意和虛偽的人打交道。一個人由於處在某種不利的環境中而一時撒了謊，是可以諒解的。但是一個蓄意欺騙的人則不會有希望，他遲早會自食惡果，其代價從喪失信譽到喪失自由

都有可能。

▶ **自大和虛榮**：這些氣質就像是紅燈，使人難以接近，是成功的致命傷。

▶ **盲目猜測**：大多數人無法成功的原因是不注意、或不願意去仔細思考問題，他們寧願憑著猜測或草率的判斷所產生的看法採取行動。

▶ **不善於與別人合作**：因為無法與別人合作而喪失地位和機會的人為數眾多。見多識廣的工商界人士或領袖，都不會容忍這種缺點產生。

▶ **童年時代不利的環境影響**：「幼枝時是彎的，成樹後也是彎的。」環境對一個人的成長非常重要。

▶ **接受教育的程度不足**：這個缺點十分容易克服。經驗證明，自學的人往往是學得最好的人，光有一張大學文憑是不夠的。光「知道」知識是不行的，重要的是知識的應用。人之所以能得到報酬，不是因為他們「知道」，而是因為他們能將獲得的「知識」運用在工作上。

▶ **健康狀況不佳**：身體是革命的本錢，沒有良好的體魄，又怎能為成功放手一搏？健康狀況不佳的許多原因是可以克服和控制的。

▶ **選錯結婚的對象**：婚姻的不幸對一個人的事業有著一定程度的影響，這是失敗者最普遍的敗因之一。婚姻關係

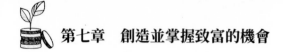

為人們帶來親密的接觸，這種關係除非是和諧的，否則失敗就會隨之而來。婚姻失敗的特點是悲哀和不愉快，會毀掉一個人所有的抱負。

▶ **選錯職業**：要選擇自己熱愛、並願意為之付出一生，才能成就一個人的偉業，一個人要是不喜歡他所選的職業，又怎能成功？在尋找職業中最重要的一點，便是要選擇自己能全心全意去努力的職業。

▶ **選錯事業的夥伴**：好的夥伴或是雇主能助你走向成功，平庸的夥伴或是雇主只會加速你的失敗。一個人在尋找雇主時應該極其小心，應該選擇聰明和成功的雇主。

▶ **缺乏資本**：初次開創事業時，沒有足夠的備用存款來承受他們所犯的錯誤、幫助他們度過難關，直到建立起信譽為止。這是一個失敗者常見的敗因。

明白以上這些導致失敗的常見原因，你就可以「對症下藥」，及早預防。在腦中做好了準備，做到萬事成竹在胸，你就更容易掌握機會了。

▍適時應變

沒有一成不變的行情，沒有一勞永逸的商機。在風雲變幻的商戰中，每個人都有可能遇到發展的機會，但並不是每個人都能抓住這個機會。

　　拿破崙‧希爾認為：善於利用每一個時機，並將靈感轉變為行動的人終將會成功。

　　從表面上看，一個人的成功，有些時候單純由一件小事造成，帶有很大的偶然性，但事實上，堅持做好每一件小事，必然會成就大事。

　　普通人面對平凡的工作崗位，也許會發出這樣的感嘆：「我的工作太平凡了，要能有所作為是不可能的。」然而對掌握全美九成以上製油實業的石油大王 —— 洛克斐勒來說，卻不是這樣的。他的人生哲學是：「我成功，是因為對別人往往會忽略的平凡小事特別關注。」

　　年輕時的洛克斐勒剛進入石油公司工作時，由於學歷不高，也沒有什麼技術，因此被分派巡視並確認石油罐蓋有沒有自動焊接好，這是這個石油公司最簡單的工作崗位，連 3 歲小孩也能勝任。

　　每天，洛克斐勒眼盯著焊接劑自動滴下，沿著石油罐蓋轉一圈，看自動輸送帶再把石油罐移走。工作平凡又枯燥，像一般人所做那樣，洛克斐勒做不到幾天，就開始厭倦這項工作了。他申請調換其他工作，最終因沒有技術而作罷。無法可想的洛克斐勒只好重新回到這個平凡的崗位，他想：既然不能換更好的工作，就把這項工作做好再說吧。

　　於是，他更加認真觀察、檢查石油罐蓋的焊接品質。這時候，公司正在推行節省計畫，洛克斐勒想，我這項工作是

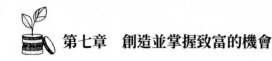

不是也可以節省某項程序？他發現每銲好一個石油罐蓋，焊接劑需要滴落 39 滴，而經過精密的計算，結果是實際上只要 37 滴焊接劑就可焊接好一個石油罐蓋。但是，這個方法並不實用。

洛克斐勒並不灰心，相反的，這激起他更大的興趣。經過多次測試，他終於研製出「38 滴型」焊接機。也就是說，用這種焊接機，每次能比原來的機型節省一滴焊接劑。儘管節省的只是一滴焊接劑 —— 但「38 滴型」焊接機一年可以為公司節省 5 億美元的開支。

憑藉著對每一件小事的密切關注，洛克斐勒一步步走向了成功。拿破崙‧希爾對洛克斐勒的評價是：「一滴焊接劑改變了他的一生。」

機會可以說是致富之路的一條捷徑。但是能夠掌握住機會的人卻微乎其微，大多數人不善抓住機會是無法致富的主因。更重要的是大多數人不能夠為自己創造致富的機會。

獲取金錢的最佳方式就是經商。從商是人們的生存選擇之一，是許多人非常樂意從事的最能夠盈利的職業。

然而，如何才能夠白手打天下？什麼是做生意賺大錢的訣竅？這是任何人都提不出標準答案的問題。因此，不管誰談經營、談管理，談如何白手賺錢，都難免有「瞎子摸象」的意味，只見到一點，無法窺其全貌。

　　這並不是說專家的理論不可靠，也不是說前輩的經驗不實在，而是做生意賺錢牽涉的問題太複雜了，不僅三百六十行，行行有竅門，即使在同樣的行業，也會因時勢不同、經營者的個性及想法不同，而在經營的做法上產生顯著的差異。有時候，他人成功的道路，也許你走上去就失敗了。而別人的失敗，也許會是你成功的起點。

　　總之，再好的賺錢理論、再好的發財致富方法，也不可能適合所有的人使用。所以，一個卓越而不甘心過清貧日子的人，在白手創業的初期，最重要的是要反應敏銳，並善於隨機應變。在這一點上，著名的富翁、牛仔褲大王李維·史特勞斯（Levi Strauss）白手發跡的經歷可謂是雄辯的證明。

　　西元 1847 年，17 歲的李維·史特勞斯從德國來到美國，投靠在紐約開布店的哥哥。

　　1850 年，美國西部出現了淘金熱，19 歲的李維也加入了這股被發財的熱浪所驅使的人流之中。然而，當他隻身來到舊金山，看到了熙熙攘攘、成千上萬的淘金者之後，改變了淘金的初衷，決定另闢發財路徑。他先是開設了一家銷售日用百貨的小商店，並製作帆布帳篷、馬車篷。李維認為：「淘金固然能發大財，但為那麼多人提供生活用品也是一樁能賺到錢的好生意。」

　　一天，李維正扛著一捆帆布走在路上，一位淘金工人攔

住了他說：「朋友，你能不能用這種帆布做一條褲子賣給我？我們淘金工人整天和泥水打交道，普通的褲子不夠耐穿，只有帆布做的褲子才結實耐磨。」

李維聽後，靈機一動，一條生財之道立刻閃現在他的頭腦中。

於是，他立即帶那位淘金工人到一家裁縫店，依照他的要求做了兩條褲子。這就是世界上最早的牛仔褲。

由於牛仔褲結實耐磨，很快就成為淘金工人之間的搶手貨。

由此可見，機會的到來往往會使你事半功倍，能夠抓住一個致富的機會，會讓你成功致富。

創造機會需要擁有積極的態度

要創造機會，我們應該抱持什麼樣的態度？簡單來說，創造機會是有目的、主動去發掘或製造有利的環境，利用現有的資源，以最有效的方式，增加或製造利益。

當你在自己的核心目標市場裡將業務發展得很好時，不應該繼續等待「客戶」的到來，而是該積極擴大自己的「客戶」範圍。為了擴大關係網，建立並擴大客源等，你可以將自己的「客戶」範圍擴大到別的地區，為自己創造更多的利益。可以說，這個舉動是為自己創造機會，你勞心、勞力、

付出血汗時，機會也往往會在心力積極燃燒時降臨。

毫無準備的等待就是空等，是在浪費時間、浪費生命，但積極的等待卻又不同。積極等待，是做了一切應做的事前準備後，等待結果，靜候成果的實現。意思是說，在付出了必須付出的勞動（包括智力、體力）之後，在結果尚未明朗之前，耐心注視事態發展，並在等待期間，內心盤算下一個步驟。若取得預期的成果，這是應得的收穫；即使失敗了，也不要緊，應將這次經驗視為下一步行動的參考。

積極的等待，強調的是「積極」二字，即重視那些應做的工作，竭力把它們做好。積極的等待是「萬事俱備，只欠東風」的註腳，只要等機會來臨，便能一舉成功。消極等待是什麼也不做，只等著吃免費午餐。積極等待卻是自己充當採購和廚師，由買菜到烹調，自己全力參與，做出美味菜餚，然後等待宴席的開始。

因為是等待，所以期待的心態會引起緊張感，另一方面，既已盡全力，再無遺憾，成敗得失反而變成次要。於是，內心坦然，因此感到既緊張、又輕鬆。

一個人致富成功的經驗便是先確立事業的方向和目標，然後全力拚搏苦幹，力求實現目標。研究清楚社會變化，市場需求，根據這些資訊，確定創業目標，這樣做，已是在創造機會。勇往直前，向著最有機會的地方進軍……總之，機會常常是拚搏努力的報酬。在努力的過程中，注意形勢的變

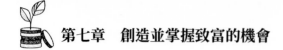

化，也是創造機會的重要環節。政治、經濟、社會、政府、政策、市場等各種因素時時刻刻在變動著，創業人士要根據形勢變化，決定進退去留。若能在變化剛露出端倪時，即看清形勢，比別人捷足先登，這是創造機會的理想情況。

▌了解創造機會的方式

發現、發明和組合是創造機會的三種方式。

發現是在現存的事物中，找出未被注視、未經利用的地方，例如哥倫布發現新大陸。若以商人來說，察覺到社會、經濟的轉變、顧客的消費欲望、價值觀和需求的轉變，預見市場將出現變化；或者在自己的產品、服務裡，找到有些地方未能充分利用，或有什麼缺點值得改良等等，這些都是不同的發現。

發明有可能是創造出在那個時代尚未存在的東西，例如蒸汽機、電話。發明也有可能與某項科技的突破有關，例如原子彈、電腦。但發明也可指創造一套方法、程序，為現存的事物創造新的用途，也算是一種發明。若以創業者來說，他的發明是可取得專利權的概念或設計，做為他創業的重要資源。

組合是把現存事物重新排列，把不同的因素重新組織。這是在看似沒有關係的事物之間發現連繫，並重新予以編排。組合可在不同種類之間進行，不同領域的產品、概念、

程序、方法之間進行組合的結果，往往能發明新產品、新方法，新概念、新用途。

　　不論發現、發明還是組合，都可能是機緣巧合，這要講究一點運氣。但創造機會的途徑，也可以是透過有計畫的探索，從而獲得預期的結果。這裡所指的創造機會，是指有計畫的探索而言。

　　不過，偶然碰見也好，有計畫的探索也好，發現、發明、組合只是創造活動的起點，創造者必須針對發現、發明或組合的產物，研究有沒有創造價值的可能。如果該產物具有這樣的潛力，便需進行開發、生產、銷售，為市場帶來方便，為自己創造利益。這種發現、發明或組合，才算得上創造機會的一種方式。如果把發現、發明或組合的成果擱置，不管它能否創造價值、能否帶來利益，這在結果上跟沒有發明、沒有發現、沒有組合並無區別。創造機會並非為興趣而創造，而是為了增加價值和利益而創造。

┃創造機會最忌固守常規

　　我們越是實行「假設性思考」，就越能肯定的說：「你絕不可能拓展某種可能性，而又不引起諸多問題；你絕不可能訂定某個目標而又不引起煩惱；你絕不可能執著於某觀念、某理想而又不引起衝突。」事實上，每一個值得開發的

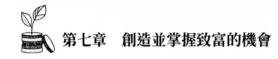
觀念都必然會受到某些人的反對。因此，如果與他人意見相左，就放棄自己的理想，或否定自己的觀念，便無異於向別人或困難低頭，放棄了主宰自己生命的權力。這是多數人的做法。

當今世界是一個轉瞬即變的世界，想要在這個風雲變幻的世界裡站穩腳跟，我們必須隨時準備自我調整，唯有如此，才能適應環境。因此，我們心理上要隨時準備打破既有的、不合時宜的處事方式。不同的生活方式、嶄新的處事原則，以及傳統的改變，都可為我們帶來成長、進步與成功的機會。但是，在機會出現時，切勿過分遲疑。最重要的是，你必須調整自己的生活方式，以適應一個值得發展的觀念，不要因為兩者相左就抱持回絕、否定的態度。也許，你該常常警惕自己說：「成功的重要性，遠超乎固定常規之上。」

▌該出手時就出手

貪心不足蛇吞象，很多人之所以無法成功，平平庸庸，很大程度上是因貪心所致。有這樣一則寓言：

一個沿街流浪的乞丐每天都在想，假如我手上有 1,000 元就好了。一天，這個乞丐無意中發現了一隻走失的很可愛的小狗，乞丐發現四周沒人，便把狗抱回了他的住處，拴了起來。

這隻狗的主人是本市有名的大富翁。這位富翁失去狗後十分著急，因為這是一隻純正的進口名犬。於是他就以各種形式發了一則尋狗啟事：拾到者請速還，即付酬金 20,000 元。

第二天，乞丐沿街行乞時，看到這則啟事，便迫不及待抱著小狗準備去領那 20,000 元的賞金，但當他匆匆忙忙抱著狗路過啟事時，發現啟事上的賞金已經變成 30,000 元。原來，大富翁尋狗不著，把賞金提高到了 30,000 元。

乞丐難以相信自己的眼睛，向前走的腳步突然間停了下來，想了想，又轉身將狗抱回去重新拴了起來。第三天，酬金果然又提高了；第四天又提高了，直到第七天，酬金提高到讓市民都感到驚訝的數字時，乞丐這才想到要回去找狗，但小狗卻死了。最終，乞丐還是乞丐。

其實人生在世，許多美好的東西並不是我們無緣得到，而是我們的期望太高。如今心態與乞丐類似的人不在少數，譬如炒股票，誰都知道要低買高賣，卻常常忘了該出手時就出手，漲了還想漲，跌了還望跌，夢想著「一口吃成大胖子」，當斷不斷，結果功虧一簣，每每煮熟的鴨子就那麼飛走了。

想要成就大業，躋身超級富豪行列，不單只需要非凡的才能，也同樣需要不同於尋常的機會，並且要有抓住機會的能力。在商場上，抓住機會，讓人一夜暴富的例子數不勝數。

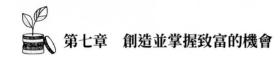

　　商場如戰場，往往是「一著不慎，滿盤皆輸」。看準機會並掌握它，將它變成現實的財富，這是每一個夢想成功者最明智的選擇。

　　事實上，很多時候，機會就擺在那裡，人們卻由於很多種原因，前怕狼、後怕虎，猶豫不決，以致白白錯過機會，這樣的例子同樣屢見不鮮。

　　正是由於我們往往不敢相信自己也能藉著機會而一夜暴富，對自己缺乏足夠的信心，所以在機會唾手可得時，也不敢想著要利用機會，讓自己成為大人物。

　　有過經商經歷的人都常常感嘆市場難以捉摸，「生意難做」，但是看看那些成功的企業家們，他們似乎沒有這種顧慮，因為他們總是敏銳抓住時代、產業中的機會，抓住了大機會，使自己的產業不斷擴大。

　　在機會與挑戰並存的市場經濟裡，發展的機會隨時存在於你的周圍，關鍵是我們有沒有勇氣和膽識去實現發財的夢想。

　　或許你會說，那些大企業家是我們這些平凡人難以望其項背的，就算憑藉機會讓自己做到一本萬利的生意，他們終究還是如同水中月，只能看得見而永遠摸不著。

　　這是一種缺乏自信的心態，這樣的心態會影響一個人的鬥志。實際上，平凡者同樣可以有效運用手段，實現發大財的夢想。

　　機會不分彼此，不分大小，只要你能掌握和利用機會，無

論是商界還是平民百姓，都可以因此而走上發家致富的道路。

聰明人是絕不會鑽牛角尖的，他們總會在適當的時機採取靈活手段，根據不同時機採取不同辦法。這也是他們最終之所以成功的真正原因。

凡是成功的企業家，之所以能賺大錢，並不只是因為本身具備的知識和膽識，更重要的是因為他們善於發現機會，抓得住機會。聰明的企業家並不僅僅把眼光投向無法預測的未來，也不只是把視線局限於現在，他們似乎具有一套「立體式」的解決辦法，善於從過去、現在及將來尋找機會。

將機會轉化為財富，關鍵是要做出自己的特色，獨樹一幟，千萬不能隨波逐流，更不要看到別人做什麼就一窩蜂擁上去。成功者之所以有大作為、大收獲，就是因為眼光獨到，善於產出有特色的創意，做到「人無我有，人有我新」，步步領先別人，才能聳立於眾人之上。如果總是步人後塵，那就會什麼都得不到。

生意場上就是這樣，「一山不容二虎」，你抓不住這個機會，肯定會被別人抓去；而你一旦抓住了機會，財源就會滾滾而來，別人只能眼睜睜看你發財了。

機會能夠轉化成財富。在很多時候，成功的企業家總是從逆境中奮起，由逆境中抓住機會，為成功創造機會。市場競爭的法則就是物競天擇、適者生存，只能由自己來適應市場，而不是讓市場來適應你。

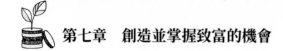

誰不想成為一個百萬富翁呢？

在我們的一生中，總會有或多或少的機會，好好利用它吧，讓它為你創造出無窮無盡的財富！

有孔就入，無孔就鑽

機會在大多數的時候都有著一層偽裝，並不是每一個人都能發現和抓住。所以你要有一雙慧眼，能夠瞄準一切機會，利用一切條件，去達到自己的目的。以下這些小要訣，或許你會覺得輕而易舉，但請看一看，或許它會把你變成一個「無孔不入」的人。

第一印象很重要

良好的第一印象就像一把打開謎團的金鑰匙，能引導、幫助你們繼續交流下去。如果你認為你的個性不合他胃口，則不論你多麼積極努力，對方也不會坦誠接納你。好不容易得到的初次見面機會，如果不善加利用，隨隨便便敷衍了事，無法給人深刻的印象，別人自然會立刻把你拋諸腦後。

見面時間長不如見面次數多

推銷員都有這樣的經驗：經常到主顧家中去，是和主顧建立密切關係的要訣之一；尤其是以「我到附近來辦事，順便來看看你」這種說法，更能抓住顧客的心。

這種「習慣親近」的方法，在心理學方面被認為和「學習」一樣。一般對「學習」的看法，認為集中學習不如分散學習來得有效。

在人際關係方面，使對方產生親近感，是讓對方產生好印象的基本條件。而要滿足這項條件，利用這種「分散效果」，可以說是給對方強烈印象的最好方法了。

假如有人問你：「你和他關係怎麼樣？」而你回答：「我們見過一兩次面」，那麼給人的印象就是交情不深，而「常常見面」這個回答就不同了；注意，見面的次數和兩人之間的親近度是成正比的。

製造機會靠近他

百貨公司的女店員在向顧客推薦襯衫或領帶時，總會說：「我替你量一下尺寸吧！」這個時候顧客往往會毫不猶豫的把東西買下來。

本來一對陌生的男女，只要能把手放在對方的肩膀上，心理的距離就會一下子縮短，有時瞬間就能成為情侶的關係。推銷員就常用這種方法，他們經常一邊談話，一邊很自然的移動位置，挨到顧客身旁。

因此，如果你想及早建立親密的關係，就應製造出自然接近對方肢體的機會。

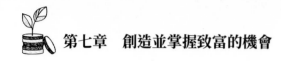

善用彼此共同的興趣

　　求人見面，除了套交情，提要求之外，總得聊點別的東西，但不要忽視這種閒聊，話題選得好，對於增進彼此之間的關係、促進求人成功，有著奇異的功效。

　　談論對方深感興趣的事，比談論一些毫無興趣的事，更能表現出親切感。

　　用這種方法去接近別人時，必須懂得誠懇的價值。如果你謊稱你的嗜好和別人相同，那麼不久後你的謊話便會被人看穿。對於別人所感興趣的事情，你自己也應該培養，並要千方百計設法讓它表現出來，這樣別人自然而然會發現，並且因為他的發現而深感喜悅。

硬著頭皮說出自己的想法

　　有些事情是需要硬著頭皮去做的。在公司裡提自己的要求時，你不要害怕拒絕或者怕主管責怪而緘口不言，那樣一來，你永遠得不到所想要的工作和自己應該獲得的利益。你如果硬著頭皮維護自己的利益，別人就會認為你是一個不容欺負的人，反而會看重你。那樣一來，你得到的不僅是實際的好處，還有你的尊嚴。

少說多聽的良好習慣

　　喜歡炫耀自己的成就幾乎是每個人的通病，如果你能夠

抑制自己、絕口不提自己的事，就有機會聽別人敘述他的所為、所見、所想等等，這些對你都是有價值的資訊。你可以在適當的時候表明你的見解，但要適可而止，並且表現得與自己無關。如果碰到冷場，你可以提出一兩個問題，以使談話能夠繼續下去。

有人問起關於你的事時，應該避免直接回答，可以有技巧的質問別人對自己的看法。這種深藏不露的方法，雖然無法長久維持，但是要盡量不讓別人知道自己的事。養成這個談話技巧的好處最主要有二：其一，培養說話有分寸的習慣；其次，可以避免別人覺得你只顧自己，不為他人著想。

巧言生機會

孫武有句名言：「知己知彼，百戰不殆。」這可以做為我們求人、說話的指導原則。說話不看對象，不僅達不到求人的目的，往往還會傷害對方的面子。反之，了解了對象的情況，即使發表一些大膽的言論，也不會給對方造成傷害，反而能達到自己的目的。

戰國時期著名的縱橫家鬼谷子曾經精闢總結出與各種各樣的人交談的辦法：「與智者言依於博，與博者言依於辯，與辯者言依於要，與貴者言依於勢，與富者言依於豪，與貧者言依於利，與賤者言依於謙，與勇者言依於敢，與愚者言依於銳。」「說人主者，必與之言奇，說人臣者，必與之言

私。」這從側面反映出語言的藝術是何等重要。不僅要考慮到對方的興趣、愛好、長處、弱點、情緒、想法觀念等，而且其身分與性格無論如何都是很重要的「情況」，你不能不注意這一點。語言藝術就是運用語言抓住機會的「喉舌」。

捕捉機會要「快、狠、準」

捕捉機會也許比捕捉蛇要難得多。因為機會是無聲、無形、無色、無味的一種東西，它唯一的表現形式也許就是帶來的喜悅和沉甸甸的收穫。

抓住機會要「快、狠、準」，意思是說，面對機會，要看得穩，經過自己縝密的分析，判斷其可行性與可能性；準是指捕捉機會要牢固，落實要到位；狠是指機會得來不易，有可能是幾年甚至一生才會有一次，所以你必須加倍珍惜，充分利用，要榨乾機會上每一點剩餘價值，使其徹底為我所用。

全力以赴、合理布局，藉機會之力創造最大效益，這一切都是為了謀求最大成功。

中國有句名言，叫做「機不可失，失不再來」。時間有其獨特的特性：一是無法返回；二是無法累積；三是無法取代；四是無法失而復得。機會，離不開時間；時間是機會的生命。哲學家培根（Francis Bacon）曾感慨的說：「機會先把

前額的頭髮讓給你抓，而你抓不住之後，就把禿頭讓給你抓了；或者，它先把瓶子的手把給你拿，如果你不拿，它就要把瓶子滾圓的瓶身給你，而那是很難握住的。在開端時善用時機，沒有比這更有智慧的了。」機會，速可得，坐可失，我們想得到它，就不但要努力學習那些揭示客觀規律性的科學知識，著重了解事物發展的必然規律，而且要有一種鍥而不捨、雷厲風行、只爭朝夕的精神，絕不能瞻前顧後、坐失機會。

怎樣才能捕捉機會呢？還是培根說得好：「最好把一切大事的起始交給百眼的阿耳戈斯，而把終結交給百手的布里阿瑞俄斯，讓百眼巨人阿耳戈斯擔任注視機會開始的職務，以便敏銳識別機會，積極尋找機會；讓百手巨人布里阿瑞俄斯用一百隻手去抓住機會，以便能準確捕捉機會，迅速得到機會。當然，抓住機會，比認出機會更重要。在倫琴（Wilhelm Röntgen）發現X光以前，英國科學家克魯克斯（William Crookes），德國科學家萊納德（Philipp Lenard）以及其他一些德國和美國的物理學家，都曾看到存放在陽極射線管附近的照相底片被感光了，但他們都沒有像倫琴那樣認真抓住不放，從而失去了發現X光的機會。正如倫琴在連續發表三篇論文闡述他的發現後，有人企圖貶低倫琴的發現時，哈佛大學的哲學家閔斯特貝爾格說的那樣：「假設機會能促成發現，但是在伽伐尼偶然看到掛在鐵門上一隻青蛙的彎縮的腿以

前，世界上不知道已經產生過多少次伽伐尼效應。世界上經常充滿這種機會，可惜伽伐尼和倫琴太少。」這就是說，伽伐尼和倫琴的功績不在於他們看到什麼現象，而在於他們對這種現象抓住不放，因而抓住了機會，登上了成功的臺階。

時機問題，既是機會問題，又是速度問題。捕捉時機要快，特別是在當今社會，因為生產社會化所具有的整體性、複雜性、競爭性和多變性等特點，更需要有志於成功者擁有機會觀念、速度觀念。「只有一個地球」，同一個科學研究，你起步得晚，人家就搶先成功了；同一個發明，你生產得慢，人家就搶先大量生產了；同一個市場，你不占領，別人就獨霸了。競爭是空前激烈的，據說在日本的那些知名企業裡，每5秒至1分鐘就可獲得世界各地市場行情的變動情況，而企業家面對每時每刻都在變化的市場，錯過一分一秒就可能失敗。

時機在時間的演進中產生，又在時間的變化中消失。抓住了時間便是捕捉住了機會，捕捉時機貴在迅速。

第八章
用創新思考進行決策

　　一個年少力強的青年人，不怕沒有財富，就怕沒有創新的想法。因為一個創新的想法，也許能為你帶來滾滾財源，從此擺脫貧寒之苦，躋身上流社會，成為人上人。因此，當機會來臨時，單只抓住機會還遠遠不夠，更需要你用創新意識進行決策……

　　創造性是一種強大的生命力，它能為你的生活注入活力，賦予你生活的意義。有一句拉丁格言說：「每一個人都是他自己命運的設計師。」你透過每天的許多選擇創造你自己和你的命運，塑造你的個性，你就像一位雕塑家，透過一刀一斧，慢慢使你手裡的泥土成為藝術品。你每天所作的選擇受到思想的引導，為了把這些思想變成活生生的、有創造性的觀點和想法，你需要讓你創造的衝動影響你的思考，自由的讓這些有創見的觀點在天空翱翔，你的思考越有創造性，你的觀點和想法就越多，你的能力就越強，成功的可能性就越大。

　　創新是一種生活方式，一種對生活的態度。它不應該被看作是一個偶然的現象，終生只會顯露一次；相反的，我們應該把創造性看作是人的天性中不可分割的組成部分，是可以透過培養而獲得、並終生有用的才能。

　　創新是征服世界的基礎，你需要有創造能力！我們生活的世界日趨複雜，節奏變得更快，生存和發展的最好方法就是適應它快速的變化，用創新意識進行決策。

▍經營在於創新

　　俗話說得好：流水不腐。只有流動的水才不會腐臭，創新對於想成就事業者來說有著非常重大的意義。對於致富的

經營者來說，必須永保創新的青春，才能立足於商海。一旦你停止了創新，停止了進取，哪怕你是在原地踏步，其實也是在後退，因為其他的致富者仍在前進、在創新、在發展。

商界有一條被無數事實證明了的真理，那就是：「創新者生，固守成業者死」。很多致富者就是不懂得這個規律，有成就就裹足不前，坐吃老本，不再創新、不再開拓，妄求保本經營，結果不出幾年就落伍了，被時代前行的波浪淘汰了。

轉過頭來看看那些成功者，那些商海中的風雲人物，他們總是以創新的姿態面對風浪。他們是一群思想極為活躍者，他們有無窮無盡的創造性、想像力的原因是他們能進行擴散性思考。所謂擴散性思考，就如同灑水器噴水一樣，它是對同一個課題做多方面聯想的。在提出足夠的辦法之後，加以集中考慮，宛如經過凸透鏡上的光聚集於一個焦點，或合成許多主意，或加以篩選，然後找出在現有條件下的最佳方案，思想活躍的人，採取先擴散性思考、而後再聚斂性思考的兩段式思考，往往就能想出比他人更好、更可行的主意來。而一般人則是把最先浮現的想法不加處理就付諸實行，因而多數流於無的放矢。與擴散思考相連繫的是想像力，豐富的想像力是思想活躍者的財富、創新的源泉。在想像力中，最主要的又是空想與聯想。

義大利的天才藝術家、科學家達文西，曾幻想過人類也能像飛鳥一樣翱翔在天空，這種幻想在當時被認為是空想，

因為當時沒有任何人認為是可行的，也沒有任何人有過這樣的遐想。然而達文西卻就此事做了種種構想，並畫了草圖，其中之一成了現今的日本航空公司社標。經過數百年，達文西的其中一些想像圖便具現化了，變成了直升機、噴氣飛機、火箭。

無論是天才還是普通人都擁有想像力和以現實的道理思考問題的能力，他們之間的區別是：普通人只能以現實的道理去思考問題，因此，他們的想像力便逐漸萎縮；而天才卻樂於運用想像力，在他們思考事物時，首先求之於想像。他們在遙遠的想像彼岸抓住啟示，然後再返回現實中來，所以，他們的思想飛躍度極高。想成為能夠做出飛躍性、創造性思考的思想活躍者，就必須學習這種運用想像的天才的思考法。

創新對企業經營的重要性就如同新鮮的空氣之於生命、水之於魚一樣重要。經營者應該不斷在管理上創新、產品上創新、技術上創新、企業形象上創新，以確保企業歷久不衰。做一個有著天才創新思考的致富者吧。

因為，創業必須創新。

每一個偉大的成功者都是在汲取先人智慧的基礎上勇於創新的。創新是世界上最偉大的活動，能在平凡中發現偉大，在危機中發現轉機。想要使自己有所成就，就必須學會突破自我，不斷創新、探索和發展自己的潛力和風格。

在某種意義上，創業與創新是一致的。

身為一家連鎖雜貨店的分店老闆，沃爾頓（Sam Walton）只想賣出他的商品。當時他們商店積壓了一大堆賣不出去的過時產品，這讓他十分煩心。這時，他產生了一個新的想法，他想：如果把這些東西標價便宜一點，讓大家自行選擇，銷量肯定會更好。

於是，他在店內擺起一張大臺子，將那些賣不出去的物品都拿出去，每樣都標價 10 美分，讓顧客自己選擇自己喜歡的商品，這些東西很快就銷售一空。後來他盡可能多找一些物品放在這張臺子上，也都很快銷售一空。

於是沃爾頓將他的新點子應用在店內的所有商品上，但他的房東見到他的雜貨店生意興隆，便拒絕與沃爾頓繼續簽約，將店鋪收回自行經營。

於是，沃爾頓用自己的創新想法來獨立創業！

沃爾頓找來了願意冒險的合夥人，經過努力，他很快就在全國建立起多家銷售連鎖店，賺取了大量的利潤。

缺乏創新意識的人，注定只能庸庸碌碌，無所作為，唯有具備創造力和敢於創新的勇氣，才能創造成功的機會。

一味依賴他人、模仿他人，無論他所仿效的偶像是多麼偉大，也絕不會擁有自主的人生。只有敢於創新的人，才能擁有屬於自己的偉大事業。

▎創新需要有英明的決策

創新是成功的領路人，此話不錯。但創新同樣有著一定的風險，針對創新的風險，應該採取怎樣的行動，還與英明的決策脫不了關係。

艾科卡（Lee Iacocca），西元 1924 年 10 月 15 日，生於美國賓州的阿倫敦，父母都是義大利移民。父親尼古拉·艾科卡於 1902 年移民美國，母親安東妮從事家務，手足只有姐姐一人。父親很有經商能力，對他產生了很大的薰陶，使他從小就立志成為一名有成就的實業家。

艾科卡身為一個企業策略家，出奇制勝，以新制勝，無休止的開拓和創造，是他的最大特點。他的格言就是「你怎麼想就怎麼做」，他透過「創造性思考」，掌握事物的邏輯，不斷創造成功的條件，不屈不撓開拓前進的道路，也成就了自己的一生事業，做為「反敗為勝」經營大師被歷史永遠記得。

1946 年 8 月，艾科卡剛剛結束他的學生生活，帶著爸爸給他的 50 美元，來到美國第二大汽車公司 —— 福特汽車公司報到。他成為福特公司的一名推銷員。

有一次，福特公司為了增加銷售量，決定著重宣傳汽車安全性能。公司推廣了一套安全設備，包括儀表板上的防撞軟墊，同時送來一部事先錄好的影片，呈現防撞軟墊功效奇

特，即使從二樓高處扔下雞蛋也不會摔碎。

艾科卡鬼迷心竅，在地區推銷會上，他決定不放影片，要當眾實現雞蛋摔不破的神話。在 1,100 多位觀眾眼前，他請人把幾塊軟墊放在舞臺上，自己拿了一盒雞蛋，爬上了高處。第一次沒有擊中軟墊，舞臺上蛋黃四濺，觀眾譁然，樂不可支。第二次時，就在他鬆手的一瞬間，幫他扶梯子的助手又偏偏動了一下，雞蛋不偏不倚，落在他腳上，觀眾又是掌聲如雷。

第三、第四顆蛋掉到了該掉的地方，不幸的是一摔即碎，只有第五顆才達到預期的效果 —— 彈了起來。

這一天，艾科卡滿臉是汗，渾身是蛋液，一副窘相，宣傳安全的推銷活動完全失敗了。

1950 年代初期，由於經濟衰退的衝擊，福特公司實行大幅裁員，銷售部門 1/3 的人被解僱，艾科卡也被降級，因為他負責的區域是全公司中銷售業績最差的。降級留職、拋蛋事件、銷售失敗導致的壓力，使他決定打破以往的推銷常規，實行一種新的推銷方式，他稱之為「五六計畫」。

他透過精算，以及對顧客心理狀況和消費能力的調查，決定凡是買一部 1956 年新福特汽車的顧客，首期可以只付車價的 2 成，餘額分 3 年付清，月付 56 元。他深信，這種辦法既符合顧客的需要，又可以幫助自己開拓業務。

　　事實證明艾科卡是對的,「1956 年 56 元」新車貸款方法剛一實施,便受到客戶的歡迎,他主管的費城地區業績一躍而升為各區之首。艾科卡這個措施轟動了福特汽車公司總部,副總裁麥克納馬拉十分欣賞這個推銷計畫,決定納入全公司銷售策略之內,使福特汽車的銷售量大增,僅此一招,就多賣出 75,000 輛新車。

　　十年的慘淡經營,艾科卡一夜成功;十年的辛苦耕耘,艾科卡有了出頭之日。

　　在競爭如此激烈的社會裡,成功意味著社會對你能力的承認;成功意味著金錢、地位和權力。但我們不難看到,英明的決策力是自己創意成功的關鍵。大多數人面對一個創意時往往不能果斷採取英明的決策,貽誤了戰機,與財富失之交臂。

▎突破慣性思考,才能產生創造性思考

　　慣性思考是扼殺創造性思考的罪魁禍首。拿破崙·希爾認為:在致富過程中,積極尋求某種新的構想時,要有意識的拋開頭腦中已形成的思考同類問題的程序和模式,即慣性思考,要警惕和排除它對形成新的思路可能產生的束縛作用。

　　日本的東芝電氣公司在西元 1952 年前後,曾一度積壓了大量的電扇賣不出去,70,000 多名員工為了增加銷量,費盡心思想了不少辦法,但進展依然不大。有一天,一個小職員

向當時的董事長石板提出了改變電扇顏色的建議。在當時，全世界的電扇都是黑色的，東芝公司生產的電扇自然也不例外。這個小職員建議把黑色改為淺色。這個建議引起了石板董事長的重視。經過研究，公司採納了這個建議。第二年夏天，東芝公司推出了一批淺藍色電扇，大受顧客歡迎，市場上還掀起了一陣搶購熱潮，幾個月之內就賣出幾十萬臺。從此以後，在日本，以及在全世界，電扇就不再都是一副統一的黑色面孔了。

是什麼讓大量積壓滯銷的電扇，幾個月之內就銷售了幾十萬臺？是這個改變顏色的想法，這就是創新思考的功勞。而提出它，既不需要有淵博的科技知識，也不需要有豐富的商業經驗，為什麼東芝公司其他的幾萬名員工，乃至日本以及其他國家成千上萬的電氣公司，以前都沒人想到、沒人提出來？這顯然是因為，電扇自從發明以來，都是黑色的，而彼此仿效、代代相襲間，漸漸形成了一種慣例、一種傳統，似乎電扇只能是黑色的，不是黑色的就不算是電扇。這樣的慣例、常規、傳統，反映在人們的頭腦中，便形成一種心理定勢、慣性思考。時間越長，這種心理定勢對人們的創新思考的束縛力就越強，要擺脫它的束縛也就越困難，越需要作出更大的努力。東芝公司這位小職員提出的建議，從思考方法的角度來看，其可貴之處就在於，它突破了「電扇只能漆成黑色」這個慣性思考的束縛。

隨時進行創新思考，突破慣性思考，將助你走上成功致富之路。

一個人只要擁有創見性的「點子」往往便能使你生財，無論這「點子」是有意，還是無意的。

美國大西洋城有一位名叫彭伯頓（John Pemberton）的藥劑師，煞費苦心研製一種用來治療頭痛、頭暈的糖漿。配方做好後，他囑咐店員用水沖開，製成糖漿。

有一天，一位店員因為粗心出了差錯，把放在桌上的蘇打水當作白開水，沒想到一沖下去，「糖漿」冒氣泡了。這讓老闆知道可不好辦，店員想把它喝掉，先試嘗一下味道，還挺不錯的，越喝越覺得好喝。聞名世界、年銷量驚人的可口可樂就是這樣發明的。

有時候，機遇會自己找上門來，就看你能不能發現。

日本江戶時代大坂的富豪鴻池善右衛門是當時全國十大財閥之一，然而一開始，他不過是個到處兜售的小商販。

有一天，鴻池與他的傭人發生摩擦。傭人一氣之下將火爐中的灰拋入濁酒桶裡（德川末期日本酒都是混濁的，還沒有今天市面上所賣的清酒），然後慌張逃跑。

第二天，鴻池查看酒桶時，驚訝不已的發現，桶底有一層沉澱物，上面的酒竟異常清澈。嘗一口，味道相當不錯，真是不可思議！後來他經過不懈的研究，發現石灰有過濾濁

酒的作用。

　　經過十幾年的鑽研，鴻池製成了清酒，這是他成為大富翁的開端，而鴻池的傭人永遠無法知道：是他給了鴻池致富的機會。

　　這樣的事例數不勝數，只要你善於觀察，勤於思考，你就會發現身邊的機會有很多。

▎激發你的創新想法

　　經營在於創新。了解這一點，你應該建立起自己的信心，赤手空拳，身無分文，要打進工商界也並不是不可能的，因為人的思想，就是無窮的財富，就看你如何去運用它了。

　　在工業社會裡，人們有更充裕的金錢追求物質享受；也正因為如此，工商業界也需要更多有創新想法的人，來創造更多新奇的、能夠賺錢的東西。於是，各式各樣的「金點子」、「發財點子」便風行於市場，告訴人們：如何使沙發坐起來更舒服？如何使衣服穿起來更舒適，更好看？如何使吃的東西更美味可口、更方便？……有待改進的東西可說太多了，而這些改進，就是金錢和財富的源泉。

　　也許你會說，還是財富最重要。只要你有錢，把別人的創新想法買下來，就歸你所有了。這話當然不錯，但只有能

賺錢的創新的意念，才是大多數人創造財富的一條通道，創新意念是白手賺取金錢的最屬害而有效的捷徑。

也許有人會問：是不是任何人都有創新的想法？是不是任何人都能靠創新的想法創業致富？這種能力是與生俱來的，還是後天培養磨練而來的呢？這些問題，每一個人都難求得一個確切的回答，概括來說，除了大智大愚之外，一般人的創新想法，大多潛伏在腦海的深處，不太容易被發覺，因此，很多人渾渾噩噩活了一輩子，不僅不知道如何去運用自己的思想創新，甚至不知道自己有這種才能。

創新的能力幾乎人人都有，但卻不一定能被人人所用。原因是，創新想法的誕生，需要外在刺激和內在的激發，不是隨隨便便就能夠冒出來的。

大多數人都沒有什麼太大的願望，只想不愁溫飽，平平淡淡過一輩子就算了，這樣的人，當然不可能有新的想法誕生；還有一些人，從小生活在富裕的環境中，一生豐衣足食，根本不必去用大腦思考，這種人也很難產生新想法。什麼樣的人才有產生新想法的可能呢？總結來說，一個人內心的賺錢願望越迫切，則產生新想法的可能性則越大。如果你想擺脫貧窮，你必然會想得出一些致富的途徑。

創新並非某些行業獨有，也不是只有超常智慧的人才具備，每一個用心思考的人，隨時都有可能出現創造性思考。

具體來說，創新到底是什麼？

一個低收入的家庭訂出一項計畫，使孩子能進一流的大學，這就是創新。

一個家庭設法將附近髒亂的街道變成鄰近最美的地區，這也是創新。

拿破崙‧希爾說：如果你用心去體會，便會發現生活中到處都有創新的實例。

創新並不只是天才才有的行動，創新的目的就在於找出新的改進方法。任何事情的成功，都是因為能找出把事情做得更好的辦法。接著，我們來看看，怎樣發展、加強創造性的思考。

旺盛的自信是培育創造性思考的沃土，唯有具備強烈的自信，相信能把事情做好，才能使你的大腦高速運轉，找到解決事情的最好方法。

事實上，當你相信某一件事不可能做到時，你的大腦就會為你打出種種做不到的理由。但是，當你相信──真正相信，某一件事確實可以做到，你的大腦就會幫你找出能做到的各種方法。

人生真正的價值和真正的幸福就是透過自己的創新思考為人類做出傑出貢獻。創新思考在實務上的成功，更可以使人享受到人生的最大幸福，並激勵人們以更大的熱情去繼續

實行創造性的想法，為我們的事業作出更大的貢獻，實現人生的更大價值。

創新無定數、大小，它以各種形式、各種姿態出現在有創新思考的人眼前。創新活動已經不僅是科學家、發明家的事，它已經深入到普通人的生活中，很多人都可以進行創新性的活動，生活、工作的各個方面都可以迸發出創造的火花。人們在事業上新的追求、新的理想、新的目標會不斷產生，在為新的事業奮鬥中，實現了這些新的追求、理想、目標，就會產生新的幸福。創新是永無止境的，人類的幸福是沒有終點的，人類幸福的實現是一個不斷發展、不斷創造的過程。

創新是一種偉大、神奇的力量，它是產生幸福的源泉。英國著名哲學家羅素把創新看作是「快樂的生活」，是「一種根本的快樂」。

世界上因創新而獲得成功的人簡直是不勝枚舉。吉格·金克拉（Zig Ziglar）說：「如果你想迅速致富，那麼最好去找一條終極捷徑，不要擠在摩肩接踵的人流中。」

創意，是經營者通向致富的捷徑，企業家的高低優劣之分也往往由此而產生。

創新來自於創造性思考

思考是一種心理現象,是人們了解世界的一種高級的反映形式。

創新來自於創造性的思考,致富者的創新藝術,首先表現為創造性思考的藝術。

思想,是指人腦對客觀事物的一種概括的、間接的反應,它反映客觀事物的本質和規律。思想是在人的現實活動中,特別是在表象的基礎上,借助語言,以知識為媒介而實現。所謂創造性的思考是指思想的一種智力表現,是在創造過程中的一種思想活動。它通常與創造性活動連繫在一起。創造性思考一方面有一般思想的共通之處,另一方面又有不同於一般思想的特點。它不能只依靠現成的表象或相關情況的描述,而是要在現成資料的基礎上,進行想像並加以構思。創造性思考不同於一般思考活動的重要特點,就在於有創造性的想像。

與常規性思考相比較,創新思考具有自己的特點,主要是:

獨創性

創造性思考的特點在於獨創性,它在探索、思考的方式和思考的結論上,獨具卓識,能提出新的創見,產生新的發

現，實現新突破，具有開拓性、獨創性。常規性思考是遵循現在常規思考的思路和方法進行思考，重複前人、常人過去已經進行過的思考過程，思考的結論屬於現成的知識範圍之內。創造思考所要解決的是現實中不斷出現的新情況和新問題，而常規性思考所要解決的是現實中經常重複出現的情況和問題。

靈活性

創造性思考不局限於某種固定的思考模式、程序和方法，它既獨立於別人的思考框架之外，又獨立於自己以往的思考框架之外。它由開創性的、靈活多變的思考活動組成，並伴隨有「想像」、「直覺」、「靈感」等非規範性的思考活動，因而具有極大的隨機性、靈活性，它能做到因人、因時、因事而異。常規性思考通常是按照一定的固有思路方法進行的思考活動，他們的思考缺乏靈活性。

風險性

創造性思考的核心是創新突破，而不是過去的再現重複。它沒有成功的經驗可以借鑑，沒有有效的方法可套用，它是在沒有前人思考痕跡的路線上去努力控制方向。

因此，創造性思考的結果不能保證每次都取得成功，有時可能毫無成效，有時可能得出錯誤的結論。這就是它的風

險。但是，無論它取得什麼樣的結果，都具有重要的知識論和方法論的意義。因為即使是不成功的結果，也提供了人們教訓，以後可以少走彎路。常規性思考雖然看起來「穩當」，但是它的根本缺陷是不能為人們提供新的啟示。

實現創造性思考的四階段

實現創造性思考分為四個階段，由美國心理學家華萊士研究了各類思想活躍的人的經驗後提出。

第一階段 —— 準備期。掌握問題、蒐集各種材料、動腦筋的過程，即有自覺的努力時期。

第二階段 —— 醞釀期。即使動腦筋也想不出好主意，因而感到苦悶，甚至想半途而廢。

第三階段 —— 啟發期。解決問題的啟示突然出現。這種「突然出現」是指人處於不工作情況下能得到的答案，並且大多出現於疲勞後的小憩時，或者在為其他事物疲於奔命時。另外，「突然出現」的傾向是視覺形象多於語言形象。

第四階段 —— 驗證期。推敲突然出現的啟示，並且予以具體化過程。

華萊士調查了各種人的經驗，提出了上述創造性思考的「四階段論」。如想做發明，制定新的研究計畫、或者設計出版物內容的結構時，開始階段總是會有意識的從各方面加

以努力，然而卻難以理出頭緒。時而連續幾天冥思苦想，卻無論如何也歸納不出可行的辦法，於是便焦躁不安，或陷入悲觀情緒之中，以致打算半途而廢。不知是出於什麼樣的機遇，在這樣的情況下，有時會突然閃現出好主意來。思想與釀酒一樣需要發酵期。經過第一階段的有意識的努力後，獲得的是稍高於一般常識、但尚未成熟的概念。經過下一階段的醞釀期，才像釀得名酒一般，使概念趨於成熟。然而，一般人闖不過醞釀期，也不相信醞釀期的存在，所以在第一階段徘徊不前。在這種情況下，如果了解華萊士四階段論的準備、醞釀、突然出現的機制，人們既能再加一把勁進入醞釀期，又能在自我訓練方法上採用新手段。

▎管理和發展你的創意

拿破崙·希爾重視創意的形成，但更重視創意的管理和發展，他說：「創意是思想的果實，但是只有在適當的管理徹底實行之後才有價值。」

每一棵橡樹都會結出許多橡樹種子，但說不定只有一、兩顆種子能長成橡樹，因為松鼠會吃掉大部分的橡樹種子。

創意也是一樣，一般的創意都很脆弱，如果不好好維護，就會被「松鼠」（消極保守的思想）破壞殆盡。從創意萌芽，直到變成功效強大的實用方法，都得經過特殊處理。

請你利用下面四個方法來適當管理和發展自己的創意：

不要讓創意平白飛走，要隨時記下來

我們每天都有許多新點子，卻因為沒有立刻寫下來而消失了。一想到什麼，就立刻寫下來。有豐富的創造心靈的人都知道：創意可隨時隨地翩然而至。不要讓它無緣無故飛走，錯失了你的思想結晶。

定期複習你的創意

把創意裝進檔案盒中。這種檔案盒可能是個櫃子，是個抽屜，甚至鞋盒也可以用。從此定期檢查自己的檔案。其中有些可能沒有價值，就乾脆扔掉，有意義的才留下來。

繼續培養及完善你的創意

要增加創意的深度和範圍，把相關的創意結合起來，從各種角度去研究。時機一成熟，就把它用到生活、工作以及你的未來上，以便有所改善。

當建築師得到一個靈感時，他會畫一張藍圖；當一個廣告商想到一個促銷廣告時，會畫成一系列的圖畫；當作家寫作以前，也要準備一份大綱。

盡量設法將靈感明確、具體的寫出來。因為，當它具有具體的形象時，很容易找到裡面的漏洞，同時在進一步修改時，很容易看出需要補充什麼。接著，還要想辦法把創意推

銷出去，不管對象是你的顧客、員工、老闆、朋友、俱樂部的會員乃至於投資人，反正一定要推銷出去才行，否則就是白費力氣。

有一年夏天，兩個保險公司的推銷員都想拉拿破崙·希爾入保。洽談以後，兩個人都答應補送一份修改妥當的正式企劃書給希爾。第一個推銷員只是隨便說說而已，他把希爾想要知道的問題用「文字」說了出來，弄得希爾莫名其妙，因為他說的全是納稅、備用條款、社會安全以及所有關於保險的電腦程式細節。坦白說，希爾根本不信任他，只好委婉拒絕了。

第二個推銷員的方式則截然不同。他把所有的建議事項用圖表說明，因而一目瞭然。結果他真的做成這筆生意了。

把你的創意用容易接受、容易推銷的方式表現出來。利用文字或圖表寫出的創意，總比「口頭表示」更吸引人，銷售力也會高出許多倍。

每一個靈感都是新構想

西元 1947 年 2 月，一天，當拍立得公司的總經理蘭德（Edwin H. Land）正在替女兒照相，女兒不耐煩的問，什麼時候可以見到照片。蘭德耐心解釋，沖洗照片需要一段時間，說話時他突然想到，攝影技術有一個很基本的缺陷——為什麼我們要等好幾小時、甚至幾天才能看到照片呢？

如果能當場把照片沖洗出來，這將是攝影技術的一次革命。難題是要在一兩分鐘之內，就在照相機裡把底片沖洗好，要能適應極端氣溫，而且要用乾燥的方法沖洗底片。

蘭德必須掌握解決所有這些問題的方法。他以令人難以置信的速度開始工作。6個月之內，就把基本的問題解決了。

誠如他的一名助理所說：「我敢打賭，即使請100個博士在10年間毫不間斷的工作，也沒有辦法達成蘭德的成果。」這話絕不誇張。

但蘭德自己無法解釋他所經驗過的發明過程。他相信人類和其他動物的根本區別，就在於人的創造能力。

他問，「你能想像一個猿猴發明一個箭頭嗎？」

有許多人說，現代人在科學上發展出的工具已經能夠代替人類創造、發明，他對這種說法感到十分不以為然。他倒是相信，發明是人類很早很早就有了的能力，只是至今還完全搞不清楚它究竟是怎麼回事。

「我發現，」蘭德說：「當我快要找到一個問題的答案時，最重要的是，專心工作一段很長的時間。在這個時候，一種本能的反應似乎就會出現了。在你的潛意識裡容納了這麼多可變的因素，絕不能容許被打斷。如果你被打斷了，你可能要花上一年的時間才能重建這60個小時打下的基礎。」

蘭德的成功證明了一個簡單的道理：

每一個靈感都是新的構想，抓住它，你就能成功。

▍培育創新能力的技巧

想發掘你的創造才能，你需要了解創造過程是如何進行的，在此基礎上，要相信創造能產生結果。

對於有創造性的觀點來說，沒有固定的程序或公式，創造性的觀點是超越思考的既定方式達到未知和創新的領域，借用古希臘哲學家赫拉克利特（Heraclitus）的話就是：「你必須期望出乎意料的東西，因為它不能靠追求和追蹤來發現。」

創造性的思考不是在其中產生，而是來自艱苦的工作、學習和實踐。例如，如果你想在烹調方面有所創新，你就需要讀相關的烹調書，掌握烹調的技藝，嘗試新的食譜，光顧大量的餐廳，接受烹調培訓。你懂得這方面的知識越多，你就越有可能做出美味的、與眾不同的佳餚。同樣，如果你正為一項工作絞盡腦汁，想在這個具體的問題上有所建樹，那麼，你需要全身心投入到這項工作中，對關鍵的問題和環節作深入的了解，即對這項工作進行批判的思考：研究這個問題，透過與他人討論來蒐集各式各樣的觀點，思考你自己在這個領域的經驗。總之，要認真研究具體的環境，為你創造性的思想準備「土壤」。例如，寫作對你來說是一件重要

的、有創造性的活動，你首先要做的就是投入到你要寫的專題之中：查閱大量的資料，做讀書筆記，記錄你對這個專題的了解，也不放過他人對這個專題的看法。這樣，你就「做好了心理準備」。

在現實生活中，常常有人在精力不集中的時候一邊看電視、聽廣播、談話，一邊工作，這樣做根本就不能達到工作的目標。大多數人需要全身心的集中，以便在大腦處於高峰期時進行工作。

具備這種專心致志的能力，對於「思考做好準備」是很必要的，我們可以透過以下兩種方式來培養自己這方面的能力：

▶ **心理習慣**：你的人格中包含著大量習慣性的行為：有的行為是積極的，有的則是消極的，大多數則居於兩者之間。同樣的，培養專心致志的能力，也包括要養成新的心理習慣：找一個合適的地方，調整足夠的時間，以及進行認真的、有創造性的思考。這些新的習慣可能需要你付出更大的努力，耗費更大的心血，但是，這些行為很快就會成為你自然和本能的一部分。

▶ **冥想**：當你開始你的創造性思考或活動時，用大約 5 分鐘的時間進入理想的精神狀態。舒服坐在椅子上，緊閉雙眼，輪流握緊拳頭，然後放鬆你身體的每一個部分，

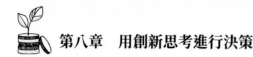

先從你的腳趾開始，再向上移動，達到你的頭頂。要特別注意解除在關鍵部位已累積起來的緊張感。你的身體放鬆了以後，就把你的注意力放在你的大腦上。把你的大腦想像成一個裝滿了思想和情感的容器，逐漸把這些東西騰空直至一片空白。想像你待在一個漆黑的屋子裡，它如此之黑，以致你無法看見任何東西。把你的情感沉浸在那個令人放鬆的黑暗之中，使所有的煩惱和不安都不復存在。過一會兒，逐漸把你自己帶回到意識狀態之中，最後，睜開雙眼，把注意力和精力集中在你創造性的工作上。

創造性的思想火花一出現，往往令人振奮，然而，這個時刻只是代表著創造性過程的開始，而不是結束。如果在創造性的思考出現時，你意識不到，無法對其採取行動，那麼，你腦子裡出現的創造性的思想就沒有絲毫用處。在現實生活中，經常會有這樣的情況，當創造性的思想火花出現時，人們並沒有給它們太大的關注，或者認為不實用而忽略了它們。你必須對你創造性的思想有信心，即使它們似乎是古怪或遠離現實的。在人類發展史上，許多最有價值的發明一開始似乎都是些不太可能的想法，被大眾的「常識」所嘲笑和不齒。例如，魔鬼氈的想法就來自於發明者穿過一片田

地時，黏在他褲子上的有毛刺的野草。具有黏性的便條，是偶然發現不太有黏性的黏著劑的結果。

有了想法以後，對它們進行創造，使其變成現實，是一項很艱苦的工作。大多數人喜歡提出具有創造性的思想，並與他人進行討論，但是，很少有人願意拿出需要的時間，付出努力，使想法成為現實。當發明家愛迪生宣布：「天才是1% 的靈感和 99% 的汗水」時，他並沒有誇張。在任何一個領域，做出有意義的創造性的成就，通常都需要數年的實踐、體驗和再加工。這也就是為什麼當有人問著名的攝影家阿爾弗雷德·艾森施泰特（Alfred Eisenstaedt），拍一張受人稱讚的照片要花多長時間時，他回答「30 年」的原因。雖然愛因斯坦在 26 歲時就提出了相對論，但事實上，他從 16 歲開始就一直在潛心研究這個問題。

這一切都說明有效的思考既包括創造性的思考，也包括批判性的思考。當你運用創造性的思考能力提出創新的觀點後，接下來就必須運用批判性的思考能力對你的觀點進行評價和再加工，並制定出切實可行的實施計畫。然後，你需要有落實計畫的決心，並克服在實施過程中遇到的不可避免的困難。雖然本章寫作的目的是專門為了培養你創造性的才能，但其它各章透過批判的思考力量，將幫助你把這些思想變成現實。但是，無論是批判性的思考還是創造性的思考，

你都需要掌握克服阻礙你思考的方法，這是下一部分要探討的內容。

▌創新才有出路

　　有的時候，成功的要素也就是一點「不按牌理出牌」的驚奇罷了。達拉斯牛仔隊的教練湯姆・蘭德里（Tom Landry）素以出奇制勝聞名，比賽時他知道對手會針對標準的守備方式布局，所以他就常常更換陣容，攻他們一個措手不及。

　　你覺得呢？你仔細想想，如果情況許可的話，不妨更改一下成功這一條金科玉律的內容，加上一些特殊的成分，像是樂觀、熱心、禮貌和積極的想法。你的創新很可能因此出乎競爭對手的意料之外，讓你擁有更多的勝算。

　　人們為了取得對尚未了解的事物的知識，總要探索前人沒有運用過的思考方法，尋求沒有先例的辦法和措施去分析、了解事物，從事獲得新的認知和方法，從而鍛鍊和提高人的理解能力。

　　在實踐過程中，運用創新性思考，提出的一個個新觀念，形成的一種種新理論，作出的一次次新發明和創造，都將不斷增加人類的知識總量，豐富人類的知識寶庫，使人類去了解越來越多的事物，打造使人類由「必然王國」走向「自由王國」和「幸福樂園」的必要條件。

人的可貴之處在於創造性的思考。一個有所作為的人唯有透過創造，為人類作出了自己的貢獻，才能體會到人生的真正價值和真正幸福。創新思考在實踐中的成功，更可以使人享受到人生的最大幸福，並激勵人們以更大的熱情去繼續從事創造性實踐，為我們的事業作出更大的貢獻，實現人生的更大價值。

提到創新，有些人總是覺得神祕，覺得它似乎只有極少數人才能辦到。其實，創新有大有小，內容和形式可以各不相同。創新活動已經不僅僅是科學家、發明家的事，它已經深入到普通人的生活中，很多人都可以進行創新性的活動，生活、工作的各個方面都可以迸發出創造的火花。人們在事業上新的追求、新的理想、新的目標會不斷產生，在為新的事業創造奮鬥中，實現了這些新的追求、理想、目標，就會產生新的幸福。創新是永無止境的，人類的幸福是沒有終點的，人類幸福的實現是一個不斷發展、不斷創造的過程。

創新和幸福之間有什麼關係？創新是力量、自由及幸福的源泉。

世界上因創新而獲得成功的人簡直不勝枚舉。

法國美容品製造師伊夫·黎雪（Yves Rocher）是靠經營花卉發家的，他在一次新聞發表會上感觸頗深的說道：「能有今天，我當然不會忘記卡內基先生，他的課程教會了我一

個司空見慣的祕訣。而我儘管經常與這個祕訣擦肩而過，但過去卻未能予以足夠的重視，也沒有把它當作一回事來對待。而現在我卻要說，創新的確是一種美麗的奇蹟。」

伊夫・黎雪於西元 1960 年開始生產美容品，到了 1985 年，他已擁有 960 家分店，各個企業在全世界星羅棋布。

伊夫・黎雪生意昌隆，財源興旺，摘取了美容品和護膚品的桂冠。他的企業是唯一使法國最大的化妝品公司「萊雅集團」惶惶不可終日的競爭對手。

這一切成就，伊夫・黎雪是悄無聲息取得的，在發展階段幾乎未曾引起競爭者的警覺。

他的成功有賴於他的創新精神。

1958 年，伊夫・黎雪從一位年邁的女醫師那裡得到了一種專治痔瘡的特效藥膏祕方。這個祕方令他產生了濃厚的興趣，於是，他根據這個藥方，研製出一種植物乳霜，並開始挨家挨戶去推銷這種產品。

有一天，黎雪靈機一動，何不在《ICI Paris》雜誌上刊登一則商品廣告呢？如果在廣告上附上郵購優惠單，說不定會有效促銷產品。

這個大膽嘗試讓黎雪獲得了意想不到的成功，當他的朋友還在為巨額廣告投資惴惴不安時，他的產品卻開始在巴黎暢銷起來，原以為會泥牛入海的廣告費用與其獲得利潤相

比，顯得輕如鴻毛。

1960 年，黎雪開始少量生產保養乳霜，他獨創的郵購銷售方式又讓他獲得巨大成功。在極短的時間內，黎雪透過這種銷售方式，順利推銷了 70 多萬瓶保養品。

1969 年，黎雪創辦了他的第一家工廠，並在巴黎的奧斯曼大道開設了他的第一家商店，開始大量生產和銷售保養品。

如今，伊夫‧黎雪已經擁有 400 餘種美容系列產品和 800 萬名忠實的女顧客。

伊夫‧黎雪經過辛勤的勞動和艱苦的思考，找到了走向成功的突破口和契機。化妝品市場競爭的激烈程度令人觸目驚心，如果亦步亦趨，墨守陳規，那肯定只能成為落伍者。

伊夫‧黎雪設計出與強大的競爭對手完全不同的產品 —— 植物花卉美容品，使化妝品平價化、大眾化，滿足眾多新顧客、老顧客的需要，所以他把競爭對手遠遠拋在了後面。

黎雪力求同中求異，別出新裁，另覓途徑，打破傳統的銷售方式，採用全新的銷售管道 —— 郵購，贏得了為數眾多的固定顧客，從而為不斷擴大發展打下了扎實的基礎。

黎雪的經歷正好證實了金克拉的話：「如果你想迅速致富，那麼你最好去找一條捷徑，不要在摩肩接踵的人流中去

推擠。」

　　對自己的成功，黎雪感慨的說：「我的成功祕訣很簡單，那就是永遠做一個不向現實妥協的叛逆者。」

　　創意，是經營者通向致富的捷徑，企業家的高低優劣之分也往往因此而產生。

第九章
以正確的思考方法解決問題

成熟的心態與觀念，周詳的計畫與付諸實踐的行動，對於致富而言，無異於機器內部的零件，缺一不可，思考方法，更是成與敗的關鍵所在。方法正確，往往能守得雲開見月明，方法錯誤，只能自食失敗的苦果。因此，想要像富人一樣思考，應該像富人一樣以正確的思考方法解決問題，如此才能功德圓滿。

　　億萬富翁亨利‧福特說：「思考是世上最艱苦的事，所以很少有人願意從事這個工作。」

　　世界著名的成功學大師拿破崙‧希爾曾寫過《思考致富》一書。為什麼是「思考」致富，而不是「努力工作」致富？希爾強調，最努力工作的人最終絕不會富有。如果你想變得富有，你需要「獨立思考」，使思考的方式與別人不同。如果你做別人做過的事，最終只會擁有別人擁有的東西。而對大部分人來說，他們擁有的是多年的辛苦工作，高額的稅收和終生的債務。

　　致富有捷徑嗎？成功學大師拿破崙‧希爾的回答是肯定的。他指出，致富的捷徑是以積極的思考致富，相信你能，你就做得到！不論你是誰，不管年齡大小，教育程度高低，都能夠招來財富，也可能走向貧窮。各行各業的人士，都不該低估思考的價值。即使躺在床上也能思考！即使你躺在醫院的病床上，研究、思考及規劃，也能致富。

　　靈感總是悄然而至。不要誤以為馬不停蹄才是有效率，不要認為思考是浪費時間。

　　每一天有 1,440 分鐘。用 1% 的時間研究、思考及規劃，這 14 分鐘將產生意想不到的效果。養成隨時隨地接納建設性觀念的習慣，不要浪費洗碗、搭公車、洗澡的零碎時間。

　　記得準備好紙和筆，隨時把靈感記錄下來。

思考就是財富

頑強堅韌的個性，必備的知識與才能及正確巧妙的思考技巧，對致富而言，無異於機器內部的零件。大多數人並不缺乏知識與才能，但卻沒有正確、巧妙的思考技巧。拿破崙·希爾在遍訪當時美國最成功的 500 多位富翁之後得到一個結論：「思考就是財富」。我們思考方式的匱乏是阻礙致富之路的另一大因素。

有一個德國工人在生產一批紙時因為不小心弄錯了配方，生產出大量不能書寫的廢紙。他被減薪、取消獎金，甚至遭到解僱。正當他灰心喪志時，一位朋友提醒他將問題倒著看，看能否從錯誤中找出有用的東西來。於是，他很快就發現這批廢紙的吸水性相當好，可以用來吸乾家庭器具上的水。他就將紙切成小塊，取名為「吸水紙」，拿到市場上出售，相當搶手。這個錯誤的配方只有他一個人知道，他後來甚至申請了專利。就靠這個錯誤、靠他朋友出的點子，他發了大財，成為大富翁。

只要能夠掌握一個思考技巧，從錯誤中去找正確之處，就能使人在無法逆轉時扭轉局面。

拿破崙·希爾認為：當別人失敗時，你只需要一個正確的想法，加上一個行動，你就可以成功。當你自己失敗了，你也只要轉換一個正確的想法，加上一個行動，同樣可以獲

得成功。

　　美國芝加哥北密西根大道的一個地區現稱為「華麗一英里」。西元 1939 年，那裡的辦公樓群可說是日暮途窮了。一座座大樓只有空蕩蕩的地板，一棟大樓出租了一半就算是幸運的了。這是商業不景氣的一年。

　　消極的心態像烏雲一般籠罩著芝加哥不動產業。那時，你常可以聽到這樣的話：「刊登廣告毫無意義，根本就沒有錢」；或「我們沒有必要工作了」。然而就在這時，一位抱著積極心態的經理來到了這個景象陰翳的地區。他有一個想法，就立即行動起來了！

　　這個人受僱於西北互助人壽保險公司，來管理該公司在北密西根大道上的一座大樓。公司是以取消抵押品贖回權獲得這座大樓的。他一開始擔任這件工作時，這座大樓只租出了 10%。但不到一年，他就將它全部租出去了，而且還有長長的待租人名單送到他的面前。這其中有什麼祕密呢？新經理把無人租用辦公室做為一個挑戰，而不是做為一個不幸的事。記者採訪他時，他說明了他所做的事：

　　「我確切知道我需要什麼。我要讓這些房間能百分之百租出去，在當時的情況下，要做到這一點是很難的。因此我必須把工作做到萬無一失，包括下列 5 點：

▶ 要選擇我滿意的承租人。

▶ 要有吸引力：為承租人提供全芝加哥最漂亮的辦公室。

▶ 租金不得高於他們現在所付的房租。

▶ 如果承租人按照為期一年的租約付給我們月租，我就要
對他現在的租約負責。

▶ 除此之外，我要免費為房客裝飾房間。我要僱用有創造
性的建築師和室內設計師，改造我們大樓的辦公室，以
適合每個新承租人的個人愛好。我可以藉由推測得出：

· 如果一個辦公室在往後幾年間還不能出租，我們就無
法從那個辦公室得到收入。我們到年底時可能得不到
收益，但這種情況總不會比不採取任何行動更糟。而
我們的情況應該會更好，因為我們能滿足承租人的需
要，他們在未來的年份中會準時繳納房租。

· 而且，出租辦公室只以一年為基數，這是已經形成的
習慣。在大多數情況下，房間只會空幾個月，就可找
到新的承租人。因此，得到租金的希望就不至於落空。

· 在一所設備良好的大樓裡，如果一個承租人一定要在
租約到期後退租，房間也比較容易再租出去。免費裝
飾辦公室也不會得不償失，因為這會增加整棟大樓的
股票價值。結果極佳，每一個最近裝飾過的辦公室似
乎都比以前更為富麗堂皇。承租人都很熱心，許多承

租人花費了額外的金錢裝潢。有一個承租人在改建工作中就花費了 22,000 美元。」

親愛的讀者，請你現在回顧一下這個故事的始末。有一個人面臨著一個嚴重的問題：他手上有一座巨大的辦公大樓，可是這座大樓 90% 的辦公室都是閒置未被租用的。然而，在一年內，這座大樓便百分之百出租了。而就在它的左右，仍有幾十座大樓是空蕩蕩的。

這兩者之間的差別，當然就是因為這棟大樓的經理對這個問題的思考方法不同，以及所持的態度不同。一種人會說：「我有一個問題，那是很可怕的。」另一種人則會說：「我有一個問題，那是很好的！」

如果一個人能夠在問題尚未顯露出真相時，抓住這個好機會，洞察它、並尋求解決之道，那麼，他就是懂得積極心態之要義的人。如果一個人能形成一種行之有效的想法，並緊接著付諸實行，他就能把失敗轉變為成功。

▋思考孕育成功

子曰：學而不思則罔。學習需要思考，善於思考的人才是善於學習的人。同樣的，為人做事也要善於思考。善於思考的習慣是通向成功的好習慣。要成大事，就要有善於思考的習慣。

在別人的失敗中得到教訓，在他人的成功經驗中獲得寶貴的經驗，並在自己行動時加以合理應用，你就有可能成功。

在解決困難時，要能抓住關鍵性的問題並設法解決，一旦最困難的部分被解決，整個問題也就迎刃而解了。

因此說，善於思考，往往便能絕處逢生，於危機中抓住轉機。

防範於未然是一種謹慎的作風，洞察問題的本質並想出切實可行的辦法卻需要善於思考、勤於思考。如果一個人能想出一種行之有效的想法，並緊接著付諸實踐，他就能把失敗轉變為成功。

舉凡偉大的成功者從來都不是人云亦云者，都是透過「想」才得以成功的。成功需要敢「想」、會「想」，善於思考。

▎看清事實是正確思考的前提

正確的思考方法之於成功的意義，就像健康的鮮血之於人的意義。

無數經驗告訴人們：思考方法正確的前提是看清事實。

我們或許都很清楚，在法律的領域中，有「證據法則」，這項法則的目的就是要取得事實。任何法官只要能根

據事實來作判決，那麼，他就可以把案子處理得對一切有關係的人都同樣公平，而如果他故意迴避這項「證據法則」，根據道聽塗說的消息來作判決或結論，那麼，他就可能會冤枉無辜的人。

「證據法則」根據它所使用的對象與環境而有所不同。在缺乏判斷標準時，你可以假設在你眼前的證據中，只有那些既能增進你自己的利益、但又不會對任何人造成損害的證據，才是以事實為基礎的證據，只要以這一部分的證據去判斷，就不會出錯。

事實上，很多人誤把事情的利害關係當成唯一的標準。他們願意做一件事，或是不願意做一件事，唯一的原則是能否滿足自己的利益，而未曾考慮到是否會妨礙到其他人的權益。

雖然這看起來讓人很不舒服，但這是事實。現今大多數人的想法是以利害關係為唯一的基礎。在事情對他們有利時，他們表現得很「誠實」，但當事情對他們似乎不利時，他們就不會事事誠實，還會為他們的不誠實找到無數的理由。

相反的，思考方法正確的人絕不會如此，他們會制定一套標準來指引自己，並在任何時候都遵循這套標準，不管這套標準是能立即為他帶來利益，或是偶爾還會帶給他不利的

情況。因為他知道，到最後，這項原則終會使他達到成功的最高峰，使他達成生命中最明確而主要的目標。

事實上，想成為一個思想方法正確的人，毫無疑問必須具備頑強堅定的性格。

思考方法正確，有時會受到某種力量的暫時性懲罰。但是，思考方法正確能夠獲得的補償性報酬，將會十分豐厚，因此，你將會很樂意接受這項懲罰。

追求事實的過程，同時也是借鑑他人的知識與經驗的過程，用這種方法收集事實之後，必須小心檢查它所提供的證據，以及提供證據的人。而當證據的性質影響到提供證據的證人利益時，我們有理由要更加詳細審查這些證據，因為，和他們自己提出的證據有關係的證人，通常會向誘惑屈服。對於被證據掩飾的事實，不論何時何地，只要你一發現，就能一眼看出來。並且，你還應該主動去尋找它們，一直到把它們找出來為止。

憑著事實工作，你就不會產生困惑，不會躊躇、不會等待，你就會像一隻猛虎撲向兔子一樣充滿自信，手到擒來。你事先就知道你的努力將會帶來什麼結果。因此，你的工作效率會比其他人高，成就也將勝過其他人；其他人則必須摸索前進，因為他們無法確定自己所從事的工作是否合乎事實。

拿破崙‧希爾經過多年的潛心研究總結出一個簡單但切合實際的公式：致富成功＝正確的思考方法＋必勝的信念＋及時的行動。

勿讓失敗的過去影響深度思考

過去的經歷比任何其他因素都更可能限制大多數人的遠見。

從動物生態中可以找到一個極佳的例子，說明過去是怎麼影響一個人的。這個例子就是跳蚤馬戲團。這些極小的昆蟲能跳得很高，但不會超出一個預定的高度。每隻跳蚤似乎都有同一個看不見的最大高度。你知道這些跳蚤為什麼會限制自己跳的高度嗎？

一開始訓練時，跳蚤被放在一個有一定高度的玻璃罩下。一開始，這些跳蚤試圖跳出去，但撞在玻璃罩上。跳了幾下之後，牠們就不再嘗試跳出去了。即使拿走玻璃罩，牠們也不會跳出去，因為過去的經驗使跳蚤懂得，牠們是跳不出去的。這些跳蚤成了自我限制的犧牲品。

人也有可能變成這樣。如果你認定自己不能成功，你就局限了自己的遠見。要靈活動腦筋，要勇於懷抱偉大的理想，試一試你的最大能力。不要關閉你自己的潛能。

除非你放棄，否則你不會被打垮。偉大的希臘演說家德

謨克利特（Democritus）因為口吃而害躁羞怯。他父親留下一塊土地，想讓他變得富有，但當時希臘的法律規定，他必須在聲明土地所有權之前，在公開的辯論中戰勝所有人才行。口吃加上害羞使他慘敗，結果喪失了這塊土地。為了不被人嘲笑，從此，他發奮努力，創造了人類空前未有的演講熱潮。歷史忽略了那位取得他財產的人，但一連好幾個世紀，世界各地的學童都在聆聽德謨克利特的故事。不管你跌倒多少次，只要再起來，你就不會被擊垮。

在很多年以前，一位好友邀拿破崙‧希爾共同開發某種產品，結果賣不出去。幸運的是，拿破崙‧希爾還來得及退出。然而，他的朋友卻損失了幾千美元。生意結束時，那個朋友富有哲學意味的說：「希爾，你知道嗎，我不想失去金錢，但是我真正在意的是，我害怕在以後的生意中會太謹慎而變成懦夫。如果真是那樣，我的損失就更大了。」

失敗很難使人堅持下去，而成功就容易繼續下去。但請記住：你無法在天鵝絨上打磨剃刀，你也無法光靠用湯匙餵一個小孩，就讓他學會吃飯。愛迪生在發明電燈時，共做了超過 14,000 次的實驗。他成功發現許多方法行不通，但還是繼續做下去，直到發現了一種可行的方法為止。他證實了偉大射手與普通射手之間的唯一差別：偉大的射手只是一位持續射擊的普通射手。我們應該遠離那些失敗經歷的陰影。重新思考問題的所在，這才是最重要的。

　　深度思考會帶來巨大的利益，會打開不可思議的機會之門。深度思考能增強一個人的潛力。人越有遠見，就越有潛能。

　　仔細回想自己遇過的一件平凡事，看看你想到了什麼。

　　在現實生活中，多想幾步，我們的生活將會有意想不到的驚喜。

　　凱薩琳‧羅甘說：「遠見告訴我們可能會得到什麼東西。遠見召喚我們去行動。心中有了一幅宏圖，我們就能從一個成就走向另一個成就，把身邊的物質條件做為跳板，跳向更高、更好、更令人滿足的境界。這樣一來，我們就擁有了無可衡量的永恆價值。」

　　每一個人都渴望自己獲取豐碩的成果，因為沒有任何東西比享受成功更讓人感到愉快。它給予你成就感，那是一種樂趣。當那些小小的成績為更大的目標服務時 —— 譬如使一個深度思考成為現實，就更令人激動了。每一項任務都成了一幅更遠大圖景的重要組成部分。

　　每一項任務都具有同樣的價值，因為它們是實現遠見目標的一部分。哪怕是最單調的任務也會給你滿足感，因為你能看到更大的目標正在實現。

　　這個道理，就如同那個在工地上跟三個砌磚工人談話的人的故事一樣。那人問第一個工人：「你在做什麼？」工人

回答：「我在為了拿薪水而工作。」他用同樣的問題問第二個工人，他的回答是：「我在砌磚。」但當他問到第三個工人時，對方熱情洋溢的回答：「我在蓋一座教堂！」那三個人在做同一種工作，但只有第三個人受到遠見的指引。他看到了那幅宏圖，宏圖為他的工作增添了價值。

缺乏深度思考的人常常會被渴望成功的心態弄得心力憔悴。變化之風會把他們颳得滿天飛。他們不知道自己會落在哪個角落，等待他們的又是什麼東西。

任何一個想成就事業的人，都必須要具備深度思考的能力。如果你有深度思考的能力，又勤奮努力，將來就更有可能實現你的目標，誠然，未來是無法保證的，任何人都一樣，但你能大大增加成功的機會。

▍培養重點思考

正確的思考法包含了兩個條件：第一，必須把事實和純粹的資料分開。第二，事實必須分成兩種：是有關係和沒有關係的。

你所依據的所有事實和要達成的主要目標有著密切的關係。而那些不重要的則往往對整件事情的發展影響不大。許多人往往忽視一點：機會與能力相差無幾的人所作出的成就可能大不相同。

詹‧卡爾森（Jan Carlzon）就是一個具有重點思考習慣的人。他出身於公務員家庭，就讀於瑞典斯德哥爾摩經濟學院，在校期間，學校的各種社交聚會都由他組織包辦。他在西元 1968 年畢業後，進入溫雷索爾旅遊公司從事市場調查工作。3 年以後，北歐航空出資買下了這家公司。卡爾森先後擔任了市場部門主管和公關部門經理。他很快就熟悉了各項業務，且掌握並解決了經營上的主要問題。到了 1978 年，溫雷索爾就已發展成瑞典一流的旅遊公司。

卡爾森的經營才華得到了北歐航空的高度重視，他們決定對卡爾森進一步委以重任。北歐航空旗下的瑞典國內民航公司購置了一批噴氣式客機，由於經營不善，到最後甚至無力付清購機款項。西元 1978 年，卡爾森調任該公司的總經理，擔任新職的卡爾森，充分發揮了擅長重點思考的才幹。他上任不久，就抓住了公司中經營問題的癥結：國內民航公司所訂的收費標準不合理，早晚高峰時段的票價和中午空閒時段的票價一樣。卡爾森將正午班機的票價削減一半以上，以吸引去瑞典湖區、山區的滑雪者和登山露營者。此舉吸引了大批旅客，載客量大增。卡爾森擔任主管後的第一年，國內民航公司即轉虧為盈，獲得了相當豐厚的利潤。正是由於不斷思考，才為成功打下了基礎。

卡爾森的另外一項決策也充分顯示了他的重點思考能

力，那就是「修舊如新」。

市場上的那些新型飛機無法引起卡爾森的興趣，他說，從 DC-9 客機問世之日起，客機在乘客的舒適程度上並沒有太大的改進，他要求客機製造廠改造機艙的空間布局，騰出空間來加寬走道，使旅客能隨身攜帶更多的小件行李。卡爾森並非不知道這批飛機已使用達 14 年之久，但是他聲稱，祕訣在於讓旅客覺得客機是新的。北歐航空拿出 1,500 萬美元（約為一架新 DC-9 客機費用的 65％）來為客機整修翻新，更換內部設施，讓班機服務人員換上時髦新裝。公司的 DC-9 客機得以繼續使用 19 年左右，靠那些煥然一新的 DC-9 客機招攬越來越多的商業旅客。

卡爾森把整個公司劃分為許多規模不等的「利潤中心」，規模大的涉及整個民航客運部門，規模小的僅限於斯德哥爾摩 —— 倫敦一條航線。掌管單一一條航線的經理是有職有權的獨立經營者，可以自由決定往返於兩大城市之間的班機時間和航次。

卡爾森鼓勵經理們：如果能招攬到一筆賺錢的好交易，跨出北歐航空的圈子也行。

凡是有成就的人都已培養出一種習慣，就是找出並設法控制那些最能影響他們工作的重要因素。這樣一來，由於他們已經懂得祕訣，知道如何從不重要的事實中抽出重要的事

實，因此，他們等於已經為自己的槓桿找到了一個恰當的支點，只要用小指頭輕輕一撥，就能移動原本以整個身體的重量都無法移動的沉重工作量。

同樣的，你也可以像他們一樣，只要你勤於研究，大膽創新，一樣可以成功。

為了使你能夠了解分辨事實與純粹資料的重要性，下面讓我們分析一下那些聽到什麼就是什麼的人。

你想必聽過鸚鵡學舌這個詞，這種類型的人很容易受他人的影響。他們對於在媒體上看到的所有消息全盤接受，而不會加以分析，他們對別人的判斷，則是根據這些人的敵人、競爭者及同時代的人的評語來決定，從你相識的朋友當中，找出這樣一個人，在討論這個主題的期間把他當作是一個例子。這種人一開口說話時，通常都是這樣說：「我從網路上看到」，或者是「他們說」。思考方法正確的人都知道，報導並不一定正確，也知道「他們說」的內容通常都是不正確的消息多於正確的消息。這就需要你儘快花費時間與精力養成重點思考的習慣。當然，很多真理與事實，都是包含在閒談與新聞報導中，但是思考方法正確的人並不會把他所看到、聽到的全盤接受下來。

從卡爾森的成功經驗中，我們應該能清楚知道思考事情重點的重要性。經營中一定要注意重中之重，經過思考，找出重

點，掌握主要脈絡。唯有養成了重點思考的習慣，在現實中分清楚事務的輕重緩急，才能贏得經營上的成功和豐厚的利潤。

▍預見性想像力助你展望未來

偉大的成功源自豐富的想像力，想像力對致富的作用早已不言而喻。無數實例證明，想像力在致富過程中有無比的威力。而在諸多的想像力中，預見性想像力在致富學中尤其重要。

拿破崙‧希爾認為：在進行想像力訓練時，應該先訓練自己的預見性想像力，即透過合理的想像，對未來事件進行正確預測的能力。

預見性想像力的訓練法為：

1. 綜合分析現狀，預見到市場即將出現的某種變化。要知道，一切事物的靜止總是相對的，而變化是絕對的。
2. 單單只預見到市場將要出現的變化還遠遠不夠，還要更真切的在大腦中浮現某種場景，並同時看見自己正在做什麼。
3. 在邁向成功過程中的每一個階段，都應該依據自己所掌握的資訊，結合市場狀況，構思自己即將面臨的處境，在你的大腦中浮現出正面的情境。

　　預見性想像力對事業、生活的成敗有著重要的影響力。一個錯誤的決策往往與其預見能力不足有關，而一個正確的預見則足以幫助你捷足先登取得成功。

　　想像力的預見作用在致富之路上的發揮，同樣有一套行之有效的方法，經營者需要：

1. 重視能獲得的一切資訊，並進行正確的綜合分析和判斷，預見其商業價值。

2. 及時證實這條資訊的可靠性，估算它對成功目標的影響程度。

3. 當你確實注意到了這個徵兆，就應立即著手擬定應對方案，並開始實施。

　　換句話說，應善於透過大量資訊，及時、合理、準確掌握遇到的各種徵兆，並加以利用，以獲得經營的成功。

　　菲利普‧亞默爾對預見性想像力的善用，就幫了他經營的美國亞默爾肉食品加工公司一個大忙。

　　有一天，菲利普為了在當天報紙上偶然看到的一條新聞而興奮不已：墨西哥發現了類似瘟疫的病例。他馬上聯想到：如果墨西哥真的發生了瘟疫，一定會傳染到與之相鄰的加州和德州，又會從這兩州傳染到整個美國。並且，這兩州是美國肉食品供應的主要基地。如果真是如此，肉食品一定會大幅漲價。於是他立刻派醫生去墨西哥查核事實，並立即集中

全部資金購買了鄰近墨西哥兩個州的牛肉和生豬肉，並及時運到東部。果然，瘟疫不久後就傳到了美國西部的幾個州。美國政府下令禁止這幾個州的食品和牲畜外運，一時美國市場肉類奇缺，價格暴漲。菲利普在短短幾個月內，因此淨賺了 900 萬美元。

菲利普之所以能夠成功淨賺 900 萬美元，是因為偶然讀到的「一則新聞」，並運用了自身所具備的地理知識：美國與墨西哥相鄰的是加州和德州，這兩州為全美主要的肉食品供應基地。另外，根據常規，當瘟疫流行時，政府必定會下令禁止食品跨州運送，禁止運送的結果必然是市場肉類奇缺，價格高漲。但是否禁止外運，取決於是否真的發生了瘟疫。因此，墨西哥是否發生瘟疫是肉類奇缺、價格高漲的前提。精明的菲利普立即派醫生去墨西哥，以證實那則新聞的可靠性。他確實這麼做了，所以才得到 900 萬美元的利潤。

因此說，預見性想像力對成功具有強大的魔力，當然，你必須能控制得住這股力量，並為己所用。

邏輯性想像力使你洞察發財的機會

邏輯性想像力在商業活動中同樣具有非常重要的作用。

邏輯性想像力指的是借助邏輯上的變換，從已知推出未知，從現在推出將來。著名的詩句「冬天已經到了，春天還

會遠嗎？」就是典型的邏輯想像。

邏輯想像的運用，在經營中不乏許多極富啟示性的實例。

漢斯是個德國農民，他因為擅長動腦筋，常常花費比別人更少的力氣，就能獲得更大的收益，當地人都說他是個聰明人。到了馬鈴薯收穫的季節，德國農民就進入了最繁忙的工作時期。他們不僅要把馬鈴薯從田裡收回來，而且還要把它運送到附近的城裡去賣。為了賣到好價錢，大家都要先把馬鈴薯分成大、中、小三類。這樣做，工作量實在太大了，每人都只能一大早就起來工作，希望能快點把馬鈴薯運到城裡去賣。漢斯一家與眾不同，他們根本不做分揀馬鈴薯的工作，而是直接把馬鈴薯裝進麻袋裡運走。漢斯一家「偷懶」的結果是，他家的馬鈴薯總是最早上市，因此每次他賺的錢自然比別家的多。

原來，漢斯每次送馬鈴薯到城裡時，都不走一般人會走的平坦公路，而是載著裝馬鈴薯的麻袋走一條顛簸不平的山路。幾公里的路程下來，因為車子不斷顛簸，小的馬鈴薯就掉到麻袋的最底部，而大的自然留在了上面。賣的時候，大小仍然能夠分開。由於節省了時間，漢斯的馬鈴薯最早上市，價錢當然就能賣得更理想了。

這種巧妙利用自然條件進行邏輯想像的方法，看上去並不驚天動地，但能給我們很大的啟發。如果你具有這樣的邏

輯想像能力，就可以在自己的成功過程中做得更好了。

同樣是運用邏輯想像力，日本明治糕點公司又更為巧妙。

某日，該公司在東京各大報紙同時刊出了一份「致歉聲明」，大意是說，因操作疏忽，最近一批巧克力豆中的碳酸鈣含量超出了規定標準，請顧客到原商店退貨，公司將統一收回處理，特表歉意云云。聲明刊出以後，人們對該公司認真負責的精神大加讚賞。其實，該公司早就預見到碳酸鈣超出一點對人體並無多大的影響，不會有多少人為此區區小事專門跑一趟去要求退貨，但這種興師動眾的宣傳，卻可以使明治公司聲名鵲起，給顧客留下良好印象。這實在是一種十分巧妙的廣告企劃。確實，從此以後，顧客更願意購買明治的商品了。

在市場行銷及廣告企劃中，巧妙運用邏輯想像，不僅可以產生非凡的宣傳效果，拓展市場，有時還可以緩解銷售者與消費者之間的矛盾，提高自己的信譽。

由此，我們不難看到，想像力確實是創造財富的靈魂。

▌超越常識思考

有句話說：盡信書不如無書，說的是要有懷疑精神。做生意同樣如此，對常識要永遠抱持懷疑的態度。

所謂的常識，絕不是永遠的真理。產生常識的社會背景，或許有著該時代的必然性，而時代一經改變，科學技術有了飛躍性的進步，常識就失去了它的必然性，但它卻成為一個獨立的體系，常常左右著大多數人的想法。

　　這當然不是說現代的常識都失去了時代的必然性，正好相反，很多常識到現在還有很充分的根據。但是不管什麼樣的常識，對它抱持一些懷疑，也不會有任何損失。

　　比如，人們通常只知道世界船王奧納西斯（Aristotle Onassis），但奧納西斯與丹尼爾‧路德維希（Daniel Keith Ludwig）比起來，簡直是「小巫見大巫」。路德維希擁有世界上最大噸位的6艘油輪，其船隊約有500萬噸，還經營旅遊業、房地產投資業和自然資源發掘業。路德維希的發跡就是得力於他超越常識的思考方式。

　　青年時期的路德維希在企業界闖蕩，總是債務纏身，屢屢有破產的危機。他也始終沒有跳出平常的思考模式達到一種有希望的新境界。就在路德維希即將進入而立之年時，如何借錢賺錢的靈感也在這個時候被激發了。

　　路德維希先後找了幾家紐約銀行，希望他們能貸款給他買一艘一般規格的舊貨輪，他預計要動手把它安裝改造成能賺較多錢的油輪。然而，他卻遭到了拒絕，理由是他沒有可做為擔保的東西。「山重水複疑無路，柳暗花明又一村」，路德維希最終萌生了一個超越常規的想法。

他有一艘僅僅能航行的老油輪，他將這條油輪以低廉的價格租給一家石油公司。然後他去找銀行經理，告訴他們他有一條被石油公司承租的油輪，租金可每月由石油公司直接撥入銀行，來抵付貸款的利息。經過幾番周折，紐約大通銀行終於答應了他的要求。

這就是路德維希奇異而超越常規的思考，儘管他的擔保物是一條破舊又不值錢的油輪，但是石油公司卻有著良好的經濟效益，其借貸的金額潛力很大，除非發生天災人禍，否則石油公司的租金一定會按時入帳。而且路德維希的計算非常周延，他對石油公司的租金剛好可以抵償銀行貸款的利息。這種巧妙的「空手致富」做法看似荒誕，但實際上正是他成功的開端。

▎隨時進行擴散性思考

思考問題時最忌只見樹木，不見森林，依據狹隘的經驗去從事經濟活動。這樣視野不開闊，往往顧此失彼，捉襟見肘。

拿破崙・希爾認為：擁有擴散性思考，才是你致富的保證。

埃瑪・蓋茲博士能夠把這個世界變成更理想的生活所在，全靠擴散性思考。蓋茲博士是美國的大教育家、哲學

家、心理學家、科學家和發明家，他一生中在各種藝術和科學上做了許多發明，有許多發現。

蓋茲博士的個人生活證實，他鍛鍊腦力和體力的方法可以培養健康的身體並促進心智的活絡。他思考問題非常全面。

拿破崙‧希爾曾帶著介紹信到蓋茲博士的實驗室去見他。當希爾到達時，蓋茲博士的祕書告訴他說：「很抱歉，我現在不能打擾蓋茲博士。」

「要過多久才能見到他呢？」希爾問。

「我不知道，恐怕要 3 小時。」她回答。

「請你告訴我為什麼不能打擾他好嗎？」

她遲疑了一下，然後說：「他正在靜坐冥想。」

希爾忍不住笑了：「那是什麼意思，靜坐冥想？」

她笑了一下說：「最好還是請蓋茲博士自己來解釋吧。我真的不知道要多久，如果你願意等，我們很歡迎；如果你想以後再來，我可以留意看看能不能幫你約一個時間。」

希爾決定去等，這個決定真值得。下面是希爾所說的經過情形：

當蓋茲博士終於走進房間裡時，他的祕書為我們介紹彼此，我開玩笑的把他祕書所說的話告訴他，他在看過介紹信以後，高興的說：「你想不想看看我靜坐冥想的地方，了解是怎麼做的？」

於是他帶我到了一個隔音的房間去，這個房間裡唯一的家具是一張簡樸的桌子和一把椅子，桌子上放著幾本筆記，幾支鉛筆以及一個可以開關電燈的按鈕。

在談話中，蓋茲博士說他遇到困難而百思不解時，就會走到這個房間來，關上房門坐下，熄滅燈光，讓全副心思進入深沉的集中狀態。他就這樣運用「集中注意力」的方法，要求自己的潛意識給他一個解答，不論是什麼都可以。有時候，靈感似乎遲遲不來；有時候一下子就湧進他的腦海；更有些時候，至少得花上 2 小時那麼長的時間才出現。等到念頭開始變得澄明清晰起來，他便立即開燈把它記下。

埃瑪·蓋茲博士曾經把別的發明家努力過卻沒有成功的發明重新研究，使它盡善盡美，因而獲得了 200 多種專利權，他就是能夠找到那些欠缺的部分。

蓋茲博士特別安排時間來集中心神思索，尋找那個欠缺的部分。另外一點是，他很清楚自己要什麼，並立即採取行動。他的擴散性思考使他獲得了成功。

增加思考深度的方法

從傳統的觀點來看，當人們說「能批判思考的人」時，他們是指某人對我們複雜的世界有深刻的理解和認知，對重要的觀點和時下的問題有獨到的看法，具有敏銳的洞察力和

判斷力，以及成熟的思考和語言能力，這些做為一個批判思考者應具備的素養，歷經幾千年依然沒有太大的變化。

批評也是一種建設性的力量 —— 幫助我們對飛速發展的世界有更清晰的理解和認知。當你培養批判的思考能力時，你需要有建設性的批評力量的參與。

成為一個批判的思考者是我們了解世界的必經之路，它包含一套完整的思考能力和態度體系。具體來說，有以下幾個方面：

1. 認真分析和評價你相信的事物，以盡可能樹立最正確的價值觀。
2. 從不同的角度分析問題，以達到深入了解。
3. 用證據和論點來支持你的看法，得出有見識、有根據的結論。
4. 對形塑、影響我們看世界方式的個人「透鏡」進行批判性思考。
5. 在新材料的基礎上，綜合各方資訊得出我們能修正的、有說服力的結論。

要成為一個批判性的思考者，建立正確價值觀的最好方法，就是找你熟悉的、可以做為批判性思考楷模的人。在你的個人生活中，你會有許多老師，他們透過生活經歷告訴你，做一個批判性思考者究竟意味著什麼。你會認為他們是

傑出的批判性思考者，是因為他們的思想如此有力量，他們在用心作出承諾。他們對生活有美好的憧憬，總是充滿著好奇，以海納百川的開闊胸襟探究他們生命的意義。當他們鼓勵他人思考時，也是熱忱與努力的典範。但是，你不必只在大學教室裡尋找批判性思考者，在你的周遭，到處都有這樣的人。

　　希臘哲學家蘇格拉底是人類有史以來最早的思想家，在他的學生柏拉圖的《對話錄》中，他深邃而明晰的思想永垂青史。在他的出生地雅典，身為一位著名的思想家，他在數十年的時間裡教授雅典人如何透過辨證的提問分析重要的問題，這就是名揚後世的「蘇格拉底教學法」。在 70 歲高齡時，蘇格拉底被當政者認為是一位製造麻煩的危險分子，因為根據他的教誨，學生們對統治者的權威產生了疑問，提出了很多令當政者難堪的問題，對他們的統治造成了極大的威脅，於是，統治者向蘇格拉底發出了最後通牒：選擇離開他畢生生活的城市，永不回來；或者被處以極刑。蘇格拉底沒有選擇離開他熱愛的雅典以及他所創造的生活，而是選擇了死亡。當著他親人和朋友的面，蘇格拉底平靜的喝了一杯毒茶。他堅信離開雅典就會違背理性的道德，而他正是以此為基礎建立生活和教導學生的。他寧願結束生命，也不願意犧牲他的信仰。臨刑前，他說了這樣一句話：「現在是我們分別的時候，我將死去，你們將活著。只有上帝知道哪一個更好。」

成熟的思考者應該具有活躍的、充滿活力的思想。一般來說，他們應具備以下的特性：

▶ **寬容**：在討論中，他們認真聽取每一種觀點，對每一種觀點都給予認真和公平的評價。

▶ **有學識**：當他們談自己的看法時，總是以事實和根據為基礎。另一方面，如果他們對某件事還不太了解，他們會承認這一點。

▶ **思考活躍**：他們積極主動的運用智力來面對問題，迎接挑戰，而不是簡單、被動的應付局面。

▶ **好奇**：他們對問題喜歡刨根問底，深究鑽研，而不是滿足於蜻蜓點水。

▶ **獨立思考**：他們不怕與他人的觀點不一致，他們的信仰都經過認真的分析，而不是不加批判的「借鑑」他人的信仰，或簡單的從眾。

▶ **善於討論**：他們能以一種有條理和理智的方式對他人和自己的看法展開討論，即使大家對某些問題的看法有分歧，他們也能認真聽取與自己相反的意見，並在深思熟慮過後談自己的看法。

▶ **有見識**：他們對問題的看法能一語中的，當別人在細節上糾纏時，他們能抓住問題的本質，「既見樹木、又見森林」。

▶ **自我意識**：他們能意識到自己的偏見，並能在分析問題時，迅速自我反省糾正。

▶ **有創造性**：他們能打破思考的常規，以創新的方式解決問題。

▶ **熱情**：他們對於問題強烈渴望了解和認知，總是努力把問題研究透澈。

善用逆向思考

人們已經習慣了正常的思考方式，即使沒有什麼成效，仍然很難改變。這時候，逆向思考能給人新的思路，逆向而行、走一著險棋，往往可以帶來與眾不同的勝局。

德國賓士汽車公司的成功經驗同樣如此，也是採取了逆向思考的辦法。

20 世紀的最後 20 年，日美汽車大量銷入西歐，幾乎把歐洲的汽車工業排擠到了滅亡的邊緣。像是以「車到山前必有路，有路就有豐田車」著稱的豐田汽車公司，以其優質低廉的汽車風靡全球。這一次的銷售競爭局勢很明顯，如果賓士失敗，那就不難想像會有什麼後果。

因此賓士總裁路德（Edzard Reuter）規劃，「賓士車未來的定價將是現在的 2 倍」。這個目標說起來就像唱歌一樣動聽，但實際執行起來，難度之高可想而知。然而路德似乎早

已下定了決心，他知道如果不設法提高賓士車的品質，在以後越來越激烈的競爭中勢必適應不了風雲變幻的市場變化，靠老牌子吃飯是維持不了多久的，他感到自己有責任來為賓士開闢新的發展道路。

為了激勵全體員工來共同實現新的目標，路德覺得自己有必要親自到工廠和測試場去視察一番。他當然知道這逆流而行的一步如果成功，將為賓士公司帶來多麼高的榮譽，但他更清楚這一步一旦失足會有多麼大的損失。他必須鼓起所有的士氣走好這一步險棋。

路德和他所率領的公司是永遠都不願像恐龍那樣不適應變化的。在賓士型 600 型高級轎車問世之前，路德便對他的技術專家們說：「我最近想出了一則很優秀的汽車廣告，當然是為我們賓士想的。這則廣告是：『當這種賓士轎車行駛的時候，最大的噪音來自於車內的電子鐘。』我預計要把這種賓士車定價為 17 萬馬克。」專家們當然明白總裁的意思，卻仍不免大吃一驚：17 萬馬克，可以買好多輛買普通轎車了！

也許是總裁的表現感動了那群專家，他們廢寢忘食工作，以驚人的速度把成功的新型優質賓士轎車 —— 600 型獻給了路德。路德從病床上爬起來後的第一道命令，便是宣布將賓士轎車的價格提高至 2 倍。這個命令不僅讓整個德國震驚，更是讓全世界的汽車工業驚惶不已。

　　路德的願望還是很快變成了現實，聞名世界的高級豪華轎車賓士 600 型問世了。它成了賓士轎車家族中最高級的車型。其內部的豪華裝飾、外部的美觀造型、無與倫比的品質都令人嘆為觀止。很快，各國的政府首腦、王公貴族以及知名人士都競相挑選賓士 600 型做為自己的交通工具，因為擁有賓士，不僅僅是財富、更是品味的象徵。

　　賓士汽車公司迅速成為德國汽車製造業最大的公司，也是世界商用汽車中最大的跨國製造企業之一，賓士汽車以優質高價著稱於世，歷時百年而不衰。

　　當其他企業大多從降低成本、降低商品價格來達到增強競爭能力的目的時，賓士公司則反其道而行，卻大獲成功。這給了我們一個啟示：當很多人在同一條路上擠的時候，只要你擁有足夠的實力和信心，另謀他路而取之，也許能達到殊途同歸的目的，只不過你看起來會輕鬆得多。

分析問題的目標

　　目標是我們行動的依據。有一句英國諺語說：「對於一艘盲目航行的船來說，任何方向的風都是逆風。」就像一位跳高運動員，如果他的面前不放一根橫桿，讓他漫無目標的自由跳高，可以肯定，他永遠也跳不出好成績。

第九章　以正確的思考方法解決問題

分析的目標必須明確

目標產生信念，清晰的目標產生堅定的信念，目標模糊就難以成功。

所以，清楚而準確的設定目標，是分析者解決某個問題、取得某種成果的必要前提，也是評價分析方案、評估實施結果的基本依據。

所謂目標，就是從分析到實現時的期望值。對才能的分析通常由結果來判定，而這判定只要以目標值來比較，就相當明確了。因此，唯有在你確定自己的目標時，才更容易對結果做出評價。

訂定分析目標的前提

分析是為了能最大限度利用自身擁有的有限資源，並加以組合運用的「智慧道具」。因此，必須在多個分析對象中選出主要對象，並將有限的智慧和時間專注投入於其中。

經由某種標準過濾分析對象之後，選出分析對象，設定分析主題，然後要進行明確化分析主題的工作。

例如，某企業有如下的分析主題：

1. 提高營業額的分析。
2. 提高營業額的促銷分析。
3. 為提高 A 產品營業額的促銷分析。

4. 為提高 A 產品營業額 50% 的促銷分析。

5. 為提高本年度 A 產品的營業額 50% 的促銷分析。

6. 以提高甲、乙兩地區 A 產品營業額 50% 為目標，拓展批發商行銷管道的促銷分析。

　　由此可見，從第一到第六點，主題越來越清晰。如果是對主題 1 的分析，那麼不僅限於促銷分析，同時也可以從廣告宣傳、降價、追加新產品、商品示範、新聞發表等各種手段來考慮、分析。同時產品也不僅限於 A 產品，地區也可能以全國為對象。這種自由度很高的分析主題看起來似乎可以隨心所欲發揮，但其實由於目標不明確，很可能會做出偏離分析者意圖的分析。如果能如第六點一樣，時間、地區、營業額等與目標相關的對象都很明確，將有利於分析順利進行。

　　因此，問題明確化是確立分析目標的前提。在著手分析之前，最好先與決定分析對象、主題的人認真商討，直到分析主題完全明確化後，再進入實際的操作。

分析目標的形式化、數據化

　　如果你要分析的目標問題能以形式化、數據化表現，那麼構成分析的要素和工具等也能夠根據這個目標值構成。如果目標只是抽象性的，那麼就很難明確掌握該以什麼程度的工具、人員等要素來組合，去實現你的目標。

分析目標的順序層級

在確定分析目標時，目標往往不只一個。這時，要利用分層分析方法，確定分析目標的層級，對於同一層級的目標，也要確定各目標的優先順序。

通常我們考慮較多的是分析目標與條件的矛盾，即不相容的問題，但是同一分析主體的不同分析目標之間通常不能有矛盾。如果在同一條件下，要同時考慮兩個分析主體的不同目標，或同一分析主體的兩個目標，若目標間產生矛盾，則屬於對立問題。

實現目標要從低級向高級一步一步前進，而設定目標，則是從高級向低級層層分解。

如果最上位目標只有一個，則稱為單一目標問題；如果最上位目標有多個，則稱為多目標問題。在問題分析中，所有的目標構成了一個目標系統。下位目標的達成包含在上位目標的達成之中，而同一層次的目標之間也可能會有一定的相關性。

確立目標的作用

1. 明確的目標使人產生積極的心態。目標是努力的依據，也是對人的鞭策。明確的目標給人一個看得見的彼岸。
2. 目標是一種動力。有了明確的目標，就會集中精力和資

源在選擇的方向和目標上，因此也就會更加熱心。

3. 明確的目標使人把重點從過程轉移到結果上。成功的基準不是你做了多少工作，而是獲得了多少成果。

4. 明確的目標，有助於進行評估。形式化、數據化的目標，使分析者心中的想法具體化，更容易實現。明確的目標也提供了一種評估的重要標準、或者說分析目標效果的重要指標。

5. 明確的目標可以使分析者最大限度集中精力，有助於分析的成功。美國 19 世紀哲學家、詩人愛默生說：「一心向著自己目標前進的人，整個世界都會為他讓路！」

在市場經濟中，想要在激烈的競爭中取勝，必須進行認真周密的分析，尤其對於關係到生死存亡問題的分析，更要特別慎重。否則，可能會「棋差一著，滿盤皆輸」。但「慎重」不是「不動」，而是要找到關鍵問題，把「好鋼用在刀刃上」。

電子書購買

國家圖書館出版品預行編目資料

學會富人理財觀，想要變窮都好難！聰明投資
被動致富 × 開拓事業主動創薪，九大習慣培養
聚財體質，心態對了，發財還會遠嗎？ / 徐定
堯，劉燁編著 . -- 第一版 . -- 臺北市：崧燁文化
事業有限公司 , 2023.03
　　面；　公分
POD 版
ISBN 978-626-357-149-5(平裝)
1.CST: 個人理財 2.CST: 投資
563.5　　　112000856

學會富人理財觀，想要變窮都好難！聰明投資
被動致富 × 開拓事業主動創薪，九大習慣培
養聚財體質，心態對了，發財還會遠嗎？

臉書

編　　著：徐定堯，劉燁
發 行 人：黃振庭
出 版 者：崧燁文化事業有限公司
發 行 者：崧燁文化事業有限公司
E - m a i l：sonbookservice@gmail.com
粉 絲 頁：https://www.facebook.com/sonbookss/
網　　址：https://sonbook.net/
地　　址：台北市中正區重慶南路一段六十一號八樓 815 室
Rm. 815, 8F., No.61, Sec. 1, Chongqing S. Rd., Zhongzheng Dist., Taipei City 100,
Taiwan
電　　話：(02) 2370-3310　　　傳　　真：(02) 2388-1990
印　　刷：京峯彩色印刷有限公司（京峰數位）
律師顧問：廣華律師事務所 張珮琦律師

定　　價：375 元
發行日期：2023 年 03 月第一版
◎本書以 POD 印製